工会法

全国职工"八五"普法简明读本

学习强会 编

中国工人出版社

本书编委会

（按姓氏笔画为序）

安　静　李　娟　时福茂　吴胜利
佟丽华　陆敬波　赵晨羽　黄乐平
黄家焱　董　彬　褚军花　潘　悦

编者的话

《中央宣传部、司法部关于开展法治宣传教育的第八个五年规划（2021—2025年）》指出，我国开启全面建设社会主义现代化国家新征程，进入新发展阶段，迫切要求进一步提升公民法治素养，推动全社会尊法学法守法用法。2021年9月，中华全国总工会办公厅印发的《关于在工会工作者和职工中开展法治宣传教育的第八个五年规划（2021—2025年）》，要求各级工会组织以习近平法治思想引领工会普法工作，推动普法工作守正创新、提质增效、全面发展。因此，做好普法宣传工作，完善宣传的内容、途径和手段，对于普法工作的开展具有十分重要的意义。

为了进一步推动国家"八五"普法工作，结合全国工会系统开展"八五"普法，适应新就业形态发展和促进劳动关系和谐稳定需要，针对与职工切身利益密切相关的法律法规，我们策划出版了"全国职工'八五'普法简明读本"丛书（共12册）。本丛书以工会开展普法工作为切入点，聚焦职工群众最关心最直接最现实的利益问题，重点解读了与职工劳动权益相关的劳动法律知识。在内容构成上,以法律文本为主线,设置了"职工权益导读"版块,通俗地解答了与职工权益相关的问题,并附录了相关法律文书,方便职工参考使用。

希望这套丛书的出版,能够帮助广大职工了解、掌握一些必备的法律常识,增强法治观念,提高法律素养,同时对工会组织职工、引导职工、服务职工、维护职工合法权益等起到积极的作用。

目 录

Contents

中华人民共和国工会法 / 001

职工权益导读 / 015

1　2021年全国人大常委会修改《工会法》的背景是什么？　/ 015

2　2021年全国人大常委会修改《工会法》的总体思路是什么？　/ 016

3　2021年《工会法》修改的主要内容有哪些？　/ 017

4　《工会法》的立法宗旨是什么？　/ 018

5　为什么说坚持党的领导是工运事业和工会工作发展的根本保证？　/ 020

6　为什么说工会是职工自愿结合的工人阶级的群众组织？　/ 021

7　我国工会的基本职责是什么？　/ 023

8　哪些人可以参加工会？　/ 025

9	哪些单位可以组织工会?	/ 026
10	《工会法》为什么要新增社会组织这一适用主体?	/ 027
11	工会的根本活动准则是什么?	/ 028
12	工会的主要任务有哪些?	/ 028
13	为什么要将产业工人队伍建设改革写入《工会法》?	/ 030
14	工会的组织原则是什么?	/ 031
15	建立基层工会组织的条件是什么?	/ 032
16	乡镇(街道)能否建立工会?	/ 034
17	地方总工会及产业工会建立的原则是什么?	/ 035
18	《工会法》为什么规定全国建立统一的中华全国总工会?	/ 036
19	为什么不得随意撤销、合并工会组织?	/ 036
20	工会是否具有法人资格?	/ 037
21	基层工会委员会的任期是多久?	/ 038
22	《工会法》对工会主席、副主席的任职及罢免有哪些规定?	/ 039
23	《工会法》对工会工作人员的劳动合同有哪些保护性规定?	/ 040
24	工会如何保障企业、事业单位职工的民主权利?	/ 040
25	工会在职工签订劳动合同中有哪些作用?	/ 041
26	工会如何代表职工签订集体合同?	/ 042

27	遇到企业违反集体合同的情况，工会该怎么办？	/ 044
28	工会如何帮助受单位不适当处分或辞退的职工？	/ 044
29	职工的劳动权益受到侵犯时，工会如何处理？	/ 046
30	工会对新建、扩建企业和技术改造工程中的劳动条件和安全卫生设施如何监督？	/ 047
31	当企业、事业单位、社会组织发生侵犯职工合法权益问题时，工会如何进行调查？	/ 048
32	发现明显重大事故隐患和职业危害时，工会如何处理？	/ 049
33	工会如何调查因工伤亡事故和其他严重危害职工健康的问题？	/ 051
34	企业、事业单位、社会组织发生职工停工、怠工等事件，工会应当如何处理？	/ 052
35	工会如何通过劳动争议调解委员会维护职工权益？	/ 053
36	工会如何实施法律援助？	/ 055
37	工会在劳动争议仲裁中发挥什么作用？	/ 056
38	工会如何协助企业、事业单位、社会组织、机关办好职工集体福利事业？	/ 056
39	工会如何协助用人单位做好职工劳动安全卫生工作？	/ 057
40	工会如何协助用人单位做好职工社会保险工作？	/ 058
41	工会应当如何开展职工教育活动，丰富职工文化生活？	/ 059

42	工会如何源头维护职工合法权益？	/ 061
43	企业职工如何参与企业民主管理？	/ 062
44	为什么工会组织要推动企业实行民主管理？	/ 064
45	职工代表大会与工会的关系是什么？	/ 066
46	工会参与企业决策具体体现在哪些方面？	/ 067
47	为什么基层工会委员会组织职工活动应当在生产时间以外进行？	/ 068
48	为什么要规定基层工会的非专职委员从事工会工作的时间？	/ 069
49	如何支付基层工会专职工作人员的工资福利待遇？	/ 070
50	工会经费包括哪些部分？	/ 071
51	工会经费使用的原则是什么？	/ 073
52	对不拨缴工会经费的如何处理？	/ 075
53	工会经费管理的原则是什么？	/ 076
54	工会为什么必须设立工会经费审查委员会？	/ 078
55	社会各方面应当为工会提供哪些物质帮助？	/ 079
56	如何保护工会的财产以及所办的企业事业财产？	/ 080
57	对阻挠职工依法参加和组织工会或者阻挠上级工会帮助、指导职工筹建工会的，如何处理？	/ 081
58	如何维护工会工作人员的工作权利和人身尊严？	/ 082

59	对职工因参加工会活动而被解除劳动合同或者工会工作人员因履行职责而被解除劳动合同的，如何处理？	/ 083
60	工会工作人员损害职工或者工会权益的，如何处理？	/ 085
61	新就业形态劳动者的诉求如何实现？	/ 086
62	新就业形态劳动者可以加入工会吗？	/ 087

附 录　　　　　　　　　　　　　　　　　　　　　/ 088

中国工会章程　　　　　　　　　　　　　　　　　　/ 088

基层工会经费收支管理办法　　　　　　　　　　　　/ 107

基层工会法人登记管理办法　　　　　　　　　　　　/ 118

中华人民共和国工会法

（1992年4月3日第七届全国人民代表大会第五次会议通过　根据2001年10月27日第九届全国人民代表大会常务委员会第二十四次会议《关于修改〈中华人民共和国工会法〉的决定》第一次修正　根据2009年8月27日第十一届全国人民代表大会常务委员会第十次会议《关于修改部分法律的决定》第二次修正　根据2021年12月24日第十三届全国人民代表大会常务委员会第三十二次会议《关于修改〈中华人民共和国工会法〉的决定》第三次修正）

目　录

第一章　总　　则

第二章　工会组织

第三章　工会的权利和义务

第四章　基层工会组织

第五章　工会的经费和财产

第六章　法律责任

第七章　附　　则

第一章 总　　则

第一条 为保障工会在国家政治、经济和社会生活中的地位，确定工会的权利与义务，发挥工会在社会主义现代化建设事业中的作用，根据宪法，制定本法。

第二条 工会是中国共产党领导的职工自愿结合的工人阶级群众组织，是中国共产党联系职工群众的桥梁和纽带。

中华全国总工会及其各工会组织代表职工的利益，依法维护职工的合法权益。

第三条 在中国境内的企业、事业单位、机关、社会组织（以下统称用人单位）中以工资收入为主要生活来源的劳动者，不分民族、种族、性别、职业、宗教信仰、教育程度，都有依法参加和组织工会的权利。任何组织和个人不得阻挠和限制。

工会适应企业组织形式、职工队伍结构、劳动关系、就业形态等方面的发展变化，依法维护劳动者参加和组织工会的权利。

第四条 工会必须遵守和维护宪法，以宪法为根本的活动准则，以经济建设为中心，坚持社会主义道路，坚持人民民主专政，坚持中国共产党的领导，坚持马克思列宁主义、毛泽东思想、邓小平理论、"三个代表"重要思想、科学发展观、习近平新时代中国特色社会主义思想，坚持改革开放，保持和增强政治性、先进性、群众性，依照工会章程独立自主地开展工作。

工会会员全国代表大会制定或者修改《中国工会章程》，章程不得与宪法和法律相抵触。

国家保护工会的合法权益不受侵犯。

第五条 工会组织和教育职工依照宪法和法律的规定行使民主权利，发挥国家主人翁的作用，通过各种途径和形式，参与管理国家事务、管理经济和文化事业、管理社会事务；协助人民政府开展工作，维护工人阶级领导的、以工农联盟为基础的人民民主专政的社会主义国家政权。

第六条 维护职工合法权益、竭诚服务职工群众是工会的基本职责。工会在维护全国人民总体利益的同时，代表和维护职工的合法权益。

工会通过平等协商和集体合同制度等，推动健全劳动关系协调机制，维护职工劳动权益，构建和谐劳动关系。

工会依照法律规定通过职工代表大会或者其他形式，组织职工参与本单位的民主选举、民主协商、民主决策、民主管理和民主监督。

工会建立联系广泛、服务职工的工会工作体系，密切联系职工，听取和反映职工的意见和要求，关心职工的生活，帮助职工解决困难，全心全意为职工服务。

第七条 工会动员和组织职工积极参加经济建设，努力完成生产任务和工作任务。教育职工不断提高思想道德、技术业务和科学文化素质，建设有理想、有道德、有文化、有纪律的职工队伍。

第八条 工会推动产业工人队伍建设改革，提高产业工人队伍整体素质，发挥产业工人骨干作用，维护产业工人合法权益，保障产业工人主人翁地位，造就一支有理想守信念、懂技术会创新、敢担当讲奉献的宏大产业工人队伍。

第九条 中华全国总工会根据独立、平等、互相尊重、互不干涉内部事务的原则，加强同各国工会组织的友好合作关系。

第二章 工 会 组 织

第十条 工会各级组织按照民主集中制原则建立。

各级工会委员会由会员大会或者会员代表大会民主选举产生。企业主要负责人的近亲属不得作为本企业基层工会委员会成员的人选。

各级工会委员会向同级会员大会或者会员代表大会负责并报告工作，接受其监督。

工会会员大会或者会员代表大会有权撤换或者罢免其所选举的代表或者工会委员会组成人员。

上级工会组织领导下级工会组织。

第十一条 用人单位有会员二十五人以上的，应当建立基层工会委员会；不足二十五人的，可以单独建立基层工会委员会，也可以由两个以上单位的会员联合建立基层工会委员会，也可以选举组织员一人，组织会员开展活动。女职工人数较多的，可以建立工会女职工委员会，在同级工会领导下开展工作；女职工人数较少的，可以在工会委员会中设女职工委员。

企业职工较多的乡镇、城市街道，可以建立基层工会的联合会。

县级以上地方建立地方各级总工会。

同一行业或者性质相近的几个行业，可以根据需要建立全国的或者地方的产业工会。

全国建立统一的中华全国总工会。

第十二条 基层工会、地方各级总工会、全国或者地方产业工会组织的建立，必须报上一级工会批准。

上级工会可以派员帮助和指导企业职工组建工会，任何单位和个人不得阻挠。

第十三条 任何组织和个人不得随意撤销、合并工会组织。

基层工会所在的用人单位终止或者被撤销，该工会组织相应撤销，并报告上一级工会。

依前款规定被撤销的工会，其会员的会籍可以继续保留，具体管理办法由中华全国总工会制定。

第十四条 职工二百人以上的企业、事业单位、社会组织的工会，可以设专职工会主席。工会专职工作人员的人数由工会与企业、事业单位、社会组织协商确定。

第十五条 中华全国总工会、地方总工会、产业工会具有社会团体法人资格。

基层工会组织具备民法典规定的法人条件的，依法取得社会团体法人资格。

第十六条 基层工会委员会每届任期三年或者五年。各级地方总工会委员会和产业工会委员会每届任期五年。

第十七条 基层工会委员会定期召开会员大会或者会员代表大会，讨论决定工会工作的重大问题。经基层工会委员会或者三分之一以上的工会会员提议，可以临时召开会员大会或者会员代表大会。

第十八条 工会主席、副主席任期未满时，不得随意调动其工作。因工作需要调动时，应当征得本级工会委员会和上一级工会的同意。

罢免工会主席、副主席必须召开会员大会或者会员代表大会讨论，非经会员大会全体会员或者会员代表大会全体代表过半数通过，不得罢免。

第十九条 基层工会专职主席、副主席或者委员自任职之日起，其劳动合同期限自动延长，延长期限相当于其任职期间；非专职主席、副主席或者委员自任职之日起，其尚未履行的劳动合同期限短于任期的，劳动合同期限自动延长至任期期满。但是，任职期间个人严重过失或者达到法定退休年龄的除外。

第三章　工会的权利和义务

第二十条 企业、事业单位、社会组织违反职工代表大会制度和其他民主管理制度，工会有权要求纠正，保障职工依法行使民主管理的权利。

法律、法规规定应当提交职工大会或者职工代表大会审议、通过、决定的事项，企业、事业单位、社会组织应当依法办理。

第二十一条 工会帮助、指导职工与企业、实行企业化管理的事业单位、社会组织签订劳动合同。

工会代表职工与企业、实行企业化管理的事业单位、社会组织进行平等协商，依法签订集体合同。集体合同草案应当提交职工代表大会或者全体职工讨论通过。

工会签订集体合同，上级工会应当给予支持和帮助。

企业、事业单位、社会组织违反集体合同，侵犯职工劳动权益的，工会可以依法要求企业、事业单位、社会组织予以改正并承担责任；因履行集体合同发生争议，经协商解决不成的，工会可以向劳动争议仲裁机构提请仲裁，仲裁机构不予受理或者对仲裁裁决不服的，可以向人民法院提起诉讼。

第二十二条 企业、事业单位、社会组织处分职工，工会认为不适当的，有权提出意见。

用人单位单方面解除职工劳动合同时，应当事先将理由通知工会，工会认为用人单位违反法律、法规和有关合同，要求重新研究处理时，用人单位应当研究工会的意见，并将处理结果书面通知工会。

职工认为用人单位侵犯其劳动权益而申请劳动争议仲裁或者向人民法院提起诉讼的，工会应当给予支持和帮助。

第二十三条 企业、事业单位、社会组织违反劳动法律法规定，有下列侵犯职工劳动权益情形，工会应当代表职工与企业、事业单位、社会组织交涉，要求企业、事业单位、社会组织采取措施予以改正；企业、事业单位、社会组织应当予以研究处理，并向工会作出答复；企业、事业单位、社会组织拒不改正的，工会可以提请当地人民政府依法作出处理：

（一）克扣、拖欠职工工资的；

（二）不提供劳动安全卫生条件的；

（三）随意延长劳动时间的；

（四）侵犯女职工和未成年工特殊权益的；

（五）其他严重侵犯职工劳动权益的。

第二十四条 工会依照国家规定对新建、扩建企业和技术改造工程中的劳动条件和安全卫生设施与主体工程同时设计、同时施工、同时投产使用进行监督。对工会提出的意见，企业或者主管部门应当认真处理，并将处理结果书面通知工会。

第二十五条 工会发现企业违章指挥、强令工人冒险作业，或者生产过程中发现明显重大事故隐患和职业危害，有权提出解决的建议，企业应当及时研究答复；发现危及职工生命安全的情况时，工会有权向企业建议组织职工撤离危险现场，企业必须及时作出处理决定。

第二十六条 工会有权对企业、事业单位、社会组织侵犯职工合法权益的问题进行调查，有关单位应当予以协助。

第二十七条 职工因工伤亡事故和其他严重危害职工健康问题的调查处理，必须有工会参加。工会应当向有关部门提出处理意见，并有权要求追究直接负责的主管人员和有关责任人员的责任。对工会提出的意见，应当及时研究，给予答复。

第二十八条 企业、事业单位、社会组织发生停工、怠工事件，工会应当代表职工同企业、事业单位、社会组织或者有关方面协商，反映职工的意见和要求并提出解决意见。对于职工的合理要求，企业、事业单位、社会组织应当予以解决。工会协助企业、事业单位、社会组织做好工作，尽快恢复生产、工作秩序。

第二十九条 工会参加企业的劳动争议调解工作。

地方劳动争议仲裁组织应当有同级工会代表参加。

第三十条 县级以上各级总工会依法为所属工会和职工提供法律援助等法律服务。

第三十一条 工会协助用人单位办好职工集体福利事业，做好工资、劳动安全卫生和社会保险工作。

第三十二条 工会会同用人单位加强对职工的思想政治引领，教育职工以国家主人翁态度对待劳动，爱护国家和单位的财产；组织职工开展群众性的合理化建议、技术革新、劳动和技能竞赛活动，进行业余文化技术学习和职工培训，参加职业教育和文化体育活动，推进职业安全健康教育和劳动保护工作。

第三十三条 根据政府委托，工会与有关部门共同做好劳动模范和先进生产（工作）者的评选、表彰、培养和管理工作。

第三十四条 国家机关在组织起草或者修改直接涉及职工切身利益的法律、法规、规章时，应当听取工会意见。

县级以上各级人民政府制定国民经济和社会发展计划，对涉及职工利益的重大问题，应当听取同级工会的意见。

县级以上各级人民政府及其有关部门研究制定劳动就业、工资、劳动安全卫生、社会保险等涉及职工切身利益的政策、措施时，应当吸收同级工会参加研究，听取工会意见。

第三十五条 县级以上地方各级人民政府可以召开会议或者采取适当方式，向同级工会通报政府的重要的工作部署和与工会工作有关的行政措施，研究解决工会反映的职工群众的意见和要求。

各级人民政府劳动行政部门应当会同同级工会和企业方面代表，建立劳动关系三方协商机制，共同研究解决劳动关系方面的重大问题。

第四章　基层工会组织

第三十六条　国有企业职工代表大会是企业实行民主管理的基本形式，是职工行使民主管理权力的机构，依照法律规定行使职权。

国有企业的工会委员会是职工代表大会的工作机构，负责职工代表大会的日常工作，检查、督促职工代表大会决议的执行。

第三十七条　集体企业的工会委员会，应当支持和组织职工参加民主管理和民主监督，维护职工选举和罢免管理人员、决定经营管理的重大问题的权力。

第三十八条　本法第三十六条、第三十七条规定以外的其他企业、事业单位的工会委员会，依照法律规定组织职工采取与企业、事业单位相适应的形式，参与企业、事业单位民主管理。

第三十九条　企业、事业单位、社会组织研究经营管理和发展的重大问题应当听取工会的意见；召开会议讨论有关工资、福利、劳动安全卫生、工作时间、休息休假、女职工保护和社会保险等涉及职工切身利益的问题，必须有工会代表参加。

企业、事业单位、社会组织应当支持工会依法开展工作，工会应当支持企业、事业单位、社会组织依法行使经营管理权。

第四十条 公司的董事会、监事会中职工代表的产生，依照公司法有关规定执行。

第四十一条 基层工会委员会召开会议或者组织职工活动，应当在生产或者工作时间以外进行，需要占用生产或者工作时间的，应当事先征得企业、事业单位、社会组织的同意。

基层工会的非专职委员占用生产或者工作时间参加会议或者从事工会工作，每月不超过三个工作日，其工资照发，其他待遇不受影响。

第四十二条 用人单位工会委员会的专职工作人员的工资、奖励、补贴，由所在单位支付。社会保险和其他福利待遇等，享受本单位职工同等待遇。

第五章 工会的经费和财产

第四十三条 工会经费的来源：

（一）工会会员缴纳的会费；

（二）建立工会组织的用人单位按每月全部职工工资总额的百分之二向工会拨缴的经费；

（三）工会所属的企业、事业单位上缴的收入；

（四）人民政府的补助；

（五）其他收入。

前款第二项规定企业、事业单位、社会组织拨缴的经费在税前列支。

工会经费主要用于为职工服务和工会活动。经费使用的具体办法由中华全国总工会制定。

第四十四条 企业、事业单位、社会组织无正当理由拖延或者拒不拨缴工会经费，基层工会或者上级工会可以向当地人民法院申请支付令；拒不执行支付令的，工会可以依法申请人民法院强制执行。

第四十五条 工会应当根据经费独立原则，建立预算、决算和经费审查监督制度。

各级工会建立经费审查委员会。

各级工会经费收支情况应当由同级工会经费审查委员会审查，并且定期向会员大会或者会员代表大会报告，接受监督。工会会员大会或者会员代表大会有权对经费使用情况提出意见。

工会经费的使用应当依法接受国家的监督。

第四十六条 各级人民政府和用人单位应当为工会办公和开展活动，提供必要的设施和活动场所等物质条件。

第四十七条 工会的财产、经费和国家拨给工会使用的不动产，任何组织和个人不得侵占、挪用和任意调拨。

第四十八条 工会所属的为职工服务的企业、事业单位，其隶属关系不得随意改变。

第四十九条 县级以上各级工会的离休、退休人员的待遇，与国家机关工作人员同等对待。

第六章 法律责任

第五十条 工会对违反本法规定侵犯其合法权益的，有权提请人民政府或者有关部门予以处理，或者向人民法院提起诉讼。

第五十一条 违反本法第三条、第十二条规定，阻挠职工依法参加和组织工会或者阻挠上级工会帮助、指导职工筹建工会的，由劳动行政部门责令其改正；拒不改正的，由劳动行政部门提请县级以上人民政府处理；以暴力、威胁等手段阻挠造成严重后果，构成犯罪的，依法追究刑事责任。

第五十二条 违反本法规定，对依法履行职责的工会工作人员无正当理由调动工作岗位，进行打击报复的，由劳动行政部门责令改正、恢复原工作；造成损失的，给予赔偿。

对依法履行职责的工会工作人员进行侮辱、诽谤或者进行人身伤害，构成犯罪的，依法追究刑事责任；尚未构成犯罪的，由公安机关依照治安管理处罚法的规定处罚。

第五十三条 违反本法规定，有下列情形之一的，由劳动行政部门责令恢复其工作，并补发被解除劳动合同期间应得的报酬，或者责令给予本人年收入二倍的赔偿：

（一）职工因参加工会活动而被解除劳动合同的；

（二）工会工作人员因履行本法规定的职责而被解除劳动合同的。

第五十四条 违反本法规定，有下列情形之一的，由县级以上人民政府责令改正，依法处理：

（一）妨碍工会组织职工通过职工代表大会和其他形式依法行使民主权利的；

（二）非法撤销、合并工会组织的；

（三）妨碍工会参加职工因工伤亡事故以及其他侵犯职工合法权益问题的调查处理的；

（四）无正当理由拒绝进行平等协商的。

第五十五条 违反本法第四十七条规定，侵占工会经费和财产拒不返还的，工会可以向人民法院提起诉讼，要求返还，并赔偿损失。

第五十六条 工会工作人员违反本法规定，损害职工或者工会权益的，由同级工会或者上级工会责令改正，或者予以处分；情节严重的，依照《中国工会章程》予以罢免；造成损失的，应当承担赔偿责任；构成犯罪的，依法追究刑事责任。

第七章　附　　则

第五十七条 中华全国总工会会同有关国家机关制定机关工会实施本法的具体办法。

第五十八条 本法自公布之日起施行。1950年6月29日中央人民政府颁布的《中华人民共和国工会法》同时废止。

职工权益导读

1. 2021年全国人大常委会修改《工会法》的背景是什么?

《中华人民共和国工会法》(以下简称《工会法》)是明确工会法律地位和工作职责的重要法律,是工会组织依法开展工作的重要制度保障。现行《工会法》于1992年公布施行,2001年、2009年进行了两次修改。《工会法》实施以来,为各级工会履行团结引导职工群众听党话跟党走的政治责任,提供了有力法治保障,在发挥工会职能作用、维护职工合法权益、构建和谐劳动关系等方面起到了有力的推动作用。

党的十八大以来,党和国家事业取得历史性成就、发生历史性变革,对工会工作提出了新要求。习近平新时代中国特色社会主义思想已经写入党章、宪法,成为党和国家长期坚持的指导思想,也是工会组织和工会工作必须长期坚持的指导思想。习近平总书记对坚持党对工会工作的领导提出明确要求,指出工会要认真履行维护职工合法权益、竭诚服务职工群众的基本职责，构建联系广泛、服务职工的工会工作体系，切实保持和增强政治性、先进性、群众性。各级工会在推进工会改革中也积累了宝贵经验。有必要通过修改《工会法》，贯彻落实党中央决策部署和习近平总书记重要指示精神，及时将行之有效的经验做法上升为法律规定。2021年4月，《工会法》修改列入全国人大常委会2021年度立法工作计划。2021年12月24日，第十三届全国人民代表大会常务委员会第三十二次会议通过《关于修改〈中华人民共和国工会法〉的决定》。

2 2021年全国人大常委会修改《工会法》的总体思路是什么？

此次修改的总体思路，主要有五点：一是坚持以习近平新时代中国特色社会主义思想为指导和根本遵循，充分体现党中央关于工人阶级和工会工作的重要指示精神。二是突出坚持党的领导，保持和增强工会组织的政治性、先进性、群众性，不断增强工会组织的吸引力、凝聚力、战斗力。三是坚持从国情出发，着力完善相关制度和工作机制，为工会维护职工合法权益、竭诚服务职工群众提供有力的法治保障。四是适应我国法治建设需要，维护国家法制统一，妥善处理相关法律之间的关系,确保《工会法》与相关法律法规衔接一致。五是坚持必要性原则,根据党中央精神和现实需要,确有必要的才作修改,可改可不改的不作修改,保持现有法律框架和主要内容基本稳定。

3 2021年《工会法》修改的主要内容有哪些?

此次修改主要有七个方面内容:

(1) 突出坚持党的领导。明确工会是中国共产党领导的职工自愿结合的工人阶级的群众组织,是中国共产党联系职工群众的桥梁和纽带,应当保持和增强政治性、先进性、群众性,建立联系广泛、服务职工的工会工作体系。

(2) 落实党中央对工会改革的新要求。明确新就业形态劳动者参加和组织工会的权利,增加规定:工会适应企业组织形式、职工队伍结构、劳动关系等方面的发展变化,维护劳动者参加和组织工会的权利。

(3) 完善《工会法》和工会工作指导思想。明确将习近平新时代中国特色社会主义思想同马克思列宁主义、毛泽东思想、邓小平理论、"三个代表"重要思想、科学发展观一道,确立为《工会法》和工会工作的指导思想。

(4) 完善工会基本职责。将工会的基本职责由"维护职工合法权益"扩展为"维护职工合法权益、竭诚服务职工群众"。同时,增加工会组织职工参与本单位的民主选举、民主协商,加强对职工的思想政治引领,以及开展劳动和技能竞赛活动的规定。

(5)体现中央对产业工人队伍建设改革的新要求。增加规定:工会推动产业工人队伍建设改革,提高产业工人队伍整体素质,发挥产业工人骨干作用,维护产业工人合法权益,保障产业工人主人翁地位,造就一支有理想守信念、懂技术会创新、敢担当讲奉献的宏大产业工人队伍。

(6)做好与相关法律的衔接。《中华人民共和国法律援助法》(以下简称《法律援助法》)规定,工会等群团组织开展法律援助工作,参照适用其相关规定。据此明确县级以上各级总工会可以为所属工会和职工提供法律援助等法律服务。

(7)扩大基层工会组织覆盖面。明确社会组织中的劳动者有依法参加和组织工会的权利,将工会组织以及工会工作的覆盖面由"企业、事业单位、机关"扩展为"企业、事业单位、机关、社会组织"。

4 《工会法》的立法宗旨是什么?

《工会法》的立法宗旨主要体现在以下三个方面:

(1)保障工会在国家政治、经济和社会生活中的地位。习近平总书记强调,坚持和发展中国特色社会主义,必须巩固工人阶级的领导阶级地位，充分发挥工人阶级的主力军作用。坚持全心全意依靠工人阶级，是党和国家始终坚持的根本方针。贯彻这一方针，就必须充分发挥工会在社会政治生活中的作用。中国工会是党联系职工群众的桥梁和纽带，是国家政权的重要社会支柱。工会应该关心并广泛参与社会治理，在社会治理中扮演重要的角色，为推动社会的全面发展发挥重要的作用，这既是党的重托，也是职工群众的期望。

（2）确定工会的权利与义务。工会作为职工自愿结合的群众组织，必须在法律规定的范围内活动，享受法律所赋予的权利，履行法律所规定的义务。《工会法》是调整工会活动关系的基本法，为保障工会在国家政治、经济和社会生活中的地位，充分发挥工会在我国社会主义现代化建设事业中的重要作用，明确了工会的地位和作用；为工会代表和维护职工合法权益，赋予了更加广泛、具体的权利，同时也相应地规定了工会的职责和义务。

（3）发挥工会在社会主义现代化建设事业中的作用。工人阶级向来都是社会主义现代化建设事业的中坚力量，因此，进行社会主义现代化建设，必须全心全意依靠工人阶级，大力发扬工人阶级的主人翁精神，充分发挥工人阶级的主力军作用。离开了工人阶级和广大劳动群众的积极性、智慧和创造力，一切都无从谈起。工会作为工人阶级最基本和最直接的组织形式，团结了广大的工人阶级，这就要求工会组织应当在社会主义现代化建设事业中发挥重要作用。

5 为什么说坚持党的领导是工运事业和工会工作发展的根本保证？

《工会法》第二条第一款规定："工会是中国共产党领导的职工自愿结合的工人阶级群众组织，是中国共产党联系职工群众的桥梁和纽带。"把工会坚持党的领导写入《工会法》，是贯彻习近平新时代中国特色社会主义思想，特别是习近平总书记关于工人阶级和工会工作的重要论述的必然要求，是切实加强党对工会工作的领导，保持和增强工会组织政治性、先进性、群众性的有力保障。

党的十八大以来，习近平总书记多次就工会自觉接受党的领导作出重要指示、提出明确要求，强调"工会工作是党的群团工作、群众工作的重要组成部分，是党治国理政的一项经常性、基础性工作"，"工会工作做得好不好、有没有取得明显成效，关键看有没有坚持正确政治方向。坚持正确政治方向，一言以蔽之，就是要坚持中国共产党领导和社会主义制度"。因此，自觉接受党的领导是中国工会不可动摇的政治原则，也是中国工运事业和工会工作从胜利走向胜利的根本保证。中国工会接受中国共产党的领导,是历史的选择,也是中国工会的优良传统和政治优势。

工会自觉接受党的领导,必须从自身的性质和特点出发,把自觉接受党的领导同坚决按照法律和工会章程独立自主创造性地开展工作紧密结合起来,把对党负责与对职工负责紧密结合起来,把贯彻党的主张和反映职工群众的愿望紧密结合起来,在政治上坚持党指引的方向,在思想上以党的理论武装头脑,在组织上接受党委的领导,充分发挥工会中党组织的领导作用、战斗堡垒作用和党员的先锋模范作用,把党的路线方针政策和决策部署落实到工会各项工作中去,把党的意志和主张落实到广大职工中去并转化为广大职工的自觉行动,把职工群众紧密团结在党的周围。各级工会要按照《工会法》要求,创新组织体制、运行机制、活动方式、工作方法,让职工群众真正感受到工会是"职工之家",工会干部是最可信赖的"娘家人"、贴心人,把工会组织建设得更加充满活力、更加坚强有力。

6 为什么说工会是职工自愿结合的工人阶级的群众组织?

《工会法》第二条第一款规定:"工会是中国共产党领导的职工自愿结合的工人阶级群众组织,是中国共产党联系职工群众的桥梁和纽带。"这表明中国工会具有阶级性、群众性和自愿性相统一的本质特征。

（1）工会的阶级性，是指工会是真正的工人阶级组织，并以工人阶级作为自己的阶级基础，维护职工的合法权益。第一，工会会员必须是工人阶级成员。根据《工会法》和《中国工会章程》的规定，确定是否可以成为工会会员的标准为：在中国境内的企业、事业单位、机关、社会组织中以工资收入为主要生活来源或者与用人单位建立劳动关系的体力劳动者和脑力劳动者。这表明工会会员由工人阶级成员构成。第二，工会必须维护工人阶级利益。我国是工人阶级领导的、以工农联盟为基础的社会主义国家，维护国家利益，巩固人民民主专政是工人阶级义不容辞的责任。工会作为工人阶级群众组织，虽然它维护的重点是工人阶级群众的具体利益，但必须把维护总体利益和维护具体利益结合起来。

（2）工会的群众性，是指工会是工人阶级在本阶级范围内最广泛的组织。工会的群众性主要体现在以下几个方面：首先，工会的群众性体现在工会的会员构成具有工人阶级范围内的广泛性。工会并不是个别行业或者个别部门内职工的组织，它最大限度地团结、联合了广大职工群众。工会始终是工人阶级实现阶级联合的最广泛的组织。其次，工会的群众性体现在工会代表广大会员和职工群众的正当利益，维护他们的合法权益。最后，工会的群众性还体现在工会组织内部的民主性。工会内部生活的民主性是工会群众性的必然要求和具体体现。

（3）工会的自愿性，是指工会不是按照某种指令组织起来的，而是职工群众为了谋求共同利益、实现共同愿望，自觉自愿地组织起来的群众团体。职工参与工会与否，根据的是每个职工的意愿，任何组织和个人都不得强迫职工加入工会或不加入工会。

7 我国工会的基本职责是什么？

《工会法》第六条第一款规定："维护职工合法权益、竭诚服务职工群众是工会的基本职责。工会在维护全国人民总体利益的同时，代表和维护职工的合法权益。"《中国工会章程》总则规定："中国工会的基本职责是维护职工合法权益、竭诚服务职工群众。"

工会以代表和维护职工的合法权益、竭诚服务职工群众为基本职责，是工会自身性质的客观要求，是建立和完善社会主义市场经济体制的客观需要，也是坚持党的全心全意为人民服务根本宗旨的重要体现。党在任何时候都要把群众利益放在第一位，任何情况下都必须全心全意依靠工人阶级，维护工人阶级的权利和利益。在社会主义现代化建设过程中，由于经济关系和劳动关系的变化，特别是在非公有制企业中，仍然存在着侵犯职工合法权益的现象。因此，强化工会维护职工合法权益、竭诚服务职工群众的基本职责，是我们党的根本宗旨的突出体现，也是党对工会的基本要求。只有从代表和维护职工的切身利益出发，才能从根本上调动广大职工的积极性和创造性，才能确保国家的总体利益更快更好地得以实现。

在社会主义市场经济条件下，工会履行维护职工合法权益的职责时，应当处理好维护广大职工群众的具体利益与维护全国人民的总体利益的关系。工人阶级是国家的领导阶级，党和政府都代表和维护工人阶级的利益，从整体上说，全国人民的总体利益同职工的具体利益在根本上是一致的。坚持维护广大职工群众的具体利益与维护全国人民的总体利益相统一，是中国工会履行维护职责时必须坚持的政治原则和法律原则。

中国工会按照中国特色社会主义事业"五位一体"总体布局和"四个全面"战略布局，贯彻创新、协调、绿色、开放、共享的发展理念，把握为实现中华民族伟大复兴的中国梦而奋斗的工人运动时代主题，弘扬劳模精神、劳动精神、工匠精神，动员和组织职工积极参加建设和改革，努力促进经济、政治、文化、社会和生态文明建设；代表和组织职工参与国家和社会事务管理，参与企业、事业单位和机关的民主管理；教育职工践行社会主义核心价值观，不断提高思想道德素质、科学文化素质和技术技能素质，推进产业工人队伍建设改革，建设有理想、有道德、有文化、有纪律的职工队伍，不断发展工人阶级先进性。

8 哪些人可以参加工会？

《工会法》第三条规定："在中国境内的企业、事业单位、机关、社会组织（以下统称用人单位）中以工资收入为主要生活来源的劳动者，不分民族、种族、性别、职业、宗教信仰、教育程度，都有依法参加和组织工会的权利。任何组织和个人不得阻挠和限制。工会适应企业组织形式、职工队伍结构、劳动关系、就业形态等方面的发展变化，依法维护劳动者参加和组织工会的权利。"《中国工会章程》第一条规定："凡在中国境内的企业、事业单位、机关和其他社会组织中，以工资收入为主要生活来源或者与用人单位建立劳动关系的体力劳动者和脑力劳动者，不分民族、种族、性别、职业、宗教信仰、教育程度，承认工会章程，都可以加入工会为会员。"

工会是群众性组织，群众性决定了工会的开放性。参加工会的条件包括两个方面：第一，以工资收入为主要生活来源的劳动者。这里的工资包括计时工资、计件工资以及津贴、奖金、佣金等其他形式的收入。这个要求意味着工会会员必须是劳动者。第二，既包括体力劳动者也包括脑力劳动者。在我国，知识分子是工人阶级的一部分，知识分子在各个领域发挥着重要的作用，是我国劳动者重要的组成部分。只要是劳动者，不分民族、种族、性别、职业、宗教信仰、教育程度，都有依法参加和组织工会的权利。

此外，就算是我国境内的外籍员工，也不因其外国国籍而丧失该项权利，仍有权参加工会。这也体现了工会组织中会员的广泛性、群众性，体现了我国宪法所规定的结社自由的原则。

9 哪些单位可以组织工会？

在中国境内的企业、事业单位、机关和社会组织都可以依法组织工会。这里所说的企业主要包括独资企业、合伙企业、公司等，按照经济类型可分为国有独资公司、国有控股公司、集体所有制企业、私营企业、中外合资企业、中外合作经营企业、外商投资企业等。这里所说的机关不包括国家军事机关。所谓"社会组织"，一般指依法成立的各种类型的组织，包括事业单位、社会团体、基金会、社会服务机构等。目前，我国小微企业发展迅速。小微企业包括小型企业、微型企业、家庭作坊式企业、个体经济组织等。小微企业由于会员少，可以联合建立基层工会委员会。社会组织主要包括社会团体、民办非企业单位、基金会、社会中介组织以及城乡社会基层组织等。

10 《工会法》为什么要新增社会组织这一适用主体？

将工会组织以及工会工作的覆盖面由企业、事业单位、机关扩展为企业、事业单位、机关、社会组织，是2021年《工会法》修改的一项重要内容。截至2021年底，全国登记的社会组织已经超过90万个，从业人员已经超过1000万人，全国性社会组织和地方性社会组织已经遍布所有行业和各个领域。党中央高度重视加强和改进党的群团工作，就深化工会改革创新，切实做好工会联系引导社会组织工作，提出了明确要求。中央党的群团工作会议强调，联系和引导相关社会组织，是群团组织发挥桥梁和纽带作用的一项重要任务。加强社会组织工会建设，有利于团结引导社会组织职工听党话、跟党走，有利于增强工会对社会组织的政治引领、示范带动、联系服务，还有利于促进社会组织健康有序发展，在国家治理体系和治理能力现代化进程中更好地发挥作用。基于这些原因，在《工会法》的适用范围里增加了社会组织这一类主体，明确工会组织和工会工作都可以向社会组织进一步延伸。

11 工会的根本活动准则是什么?

《工会法》第四条第一款规定,工会必须遵守和维护宪法,以宪法为根本的活动准则,以经济建设为中心,坚持社会主义道路,坚持人民民主专政,坚持中国共产党的领导,坚持马克思列宁主义、毛泽东思想、邓小平理论、"三个代表"重要思想、科学发展观、习近平新时代中国特色社会主义思想,坚持改革开放,保持和增强政治性、先进性、群众性,依照工会章程独立自主地开展工作。

《中国工会章程》在总则中规定:"中国工会以宪法为根本活动准则,按照《中华人民共和国工会法》和本章程独立自主地开展工作,依法行使权利和履行义务。"我国的宪法是国家的根本大法,具有最高的法律效力。工会作为一个社会团体,必须以宪法为根本的活动准则,必须在宪法规定的范围内开展活动。

12 工会的主要任务有哪些?

(1)维护职工群众的合法权益和民主权利。在我国,维护职工合法权益是现阶段工会工作的核心内容,对于平衡劳资关系、促进劳动关系和谐有着重要的意义。

（2）动员和组织职工积极参加建设和改革，努力促进经济、政治、文化、社会和生态文明建设。

（3）组织和教育职工依照宪法和法律的规定行使民主权利，通过各种途径和形式，参与国家和社会事务的管理，参与本单位的民主决策、民主管理和民主监督。工会作为工人阶级的群众组织，作为社会主义政治体制中的重要社会政治团体，在代表和组织职工参与社会治理、实行社会监督方面，有着不可替代的作用。

（4）引导和教育职工不断提高自身的思想素质和文化技术素质，建设有理想、有道德、有文化、有纪律的职工队伍。工人阶级不仅是社会物质文明的建设者，也是精神文明的建设者，它在改造客观世界的同时，也不断地改造着自己的主观世界。工会履行教育职能，就是要把远大理想和现实目标结合起来，通过日常的工作和各种群众活动，教育和团结广大职工，不断地把他们吸引到实现工人阶级各个阶段面临的任务的实践中来，真正做到教育人、引导人、培育人，促进职工思想道德、技术业务和科学文化素质的不断提高，为我国经济发展和社会进步提供精神动力和智力支持。

13 为什么要将产业工人队伍建设改革写入《工会法》?

《工会法》第八条规定:"工会推动产业工人队伍建设改革,提高产业工人队伍整体素质,发挥产业工人骨干作用,维护产业工人合法权益,保障产业工人主人翁地位,造就一支有理想守信念、懂技术会创新、敢担当讲奉献的宏大产业工人队伍。"

广大产业工人是工人阶级中发挥支撑作用的主体力量,是创造社会财富的中坚力量,是创新驱动发展的骨干力量,是实施制造强国战略的有生力量。以习近平同志为核心的党中央非常关心产业工人队伍建设改革,习近平总书记明确指示,要按照"政治上保证、制度上落实、素质上提高、权益上维护"的总体思路,创新体制机制,提高产业工人素质,畅通发展通道,依法保障权益,造就一支有理想守信念、懂技术会创新、敢担当讲奉献的宏大产业工人队伍。2017年4月,中共中央、国务院印发《新时期产业工人队伍建设改革方案》,明确了产业工人队伍建设改革的指导思想、基本原则、目标任务以及改革举措。方案实施以来,取得了一系列成效和经验。习近平总书记的重要指示为产业工人队伍建设改革入法提供了根本指针,方案的制度安排以及实施成效为产业工人队伍建设改革入法奠定了实践基础，法治国家、法治政府、法治社会一体建设的推进为产业工人队伍建设改革入法提供了契机。产业工人队伍建设改革入法，从国家法律的高度为工会推动产业工人队伍建设改革提供依据，也提出目标和要求。同时，作为具有普遍约束力的规范，也为政府、企业、职工及其他社会力量支持工会工作，参与产业工人队伍建设改革提供了依据。

14 工会的组织原则是什么？

《工会法》第十条第一款规定："工会各级组织按照民主集中制原则建立。"这一原则体现了中国工会作为工人阶级的群众组织的性质，体现了中国共产党领导下的中国工会的根本特征。民主集中制是在民主的基础上实行集中。

各级工会组织和会员都必须按照民主集中制这个根本原则进行活动。根据《中国工会章程》规定，民主集中制主要内容为：

（1）个人服从组织，少数服从多数，下级组织服从上级组织。

（2）工会的各级领导机关，除它们派出的代表机关外，都由民主选举产生。

（3）工会的最高领导机关，是工会的全国代表大会和它所产生的中华全国总工会执行委员会。工会的地方各级领导机关，是工会的地方各级代表大会和它所产生的总工会委员会。

（4）工会各级委员会，向同级会员大会或者会员代表大会负责并报告工作，接受会员监督。会员大会和会员代表大会有权撤换或者罢免其所选举的代表和工会委员会组成人员。

（5）工会各级委员会，实行集体领导和分工负责相结合的制度。凡属重大问题由委员会民主讨论，作出决定，委员会成员根据集体的决定和分工，履行自己的职责。

（6）工会各级领导机关，加强对下级组织的领导和服务，经常向下级组织通报情况，听取下级组织和会员的意见，研究和解决他们提出的问题。下级组织应及时向上级组织请示报告工作。

15 建立基层工会组织的条件是什么？

《工会法》第十一条第一款规定："用人单位有会员二十五人以上的，应当建立基层工会委员会；不足二十五人的，可以单独建立基层工会委员会，也可以由两个以上单位的会员联合建立基层工会委员会，也可以选举组织员一人，组织会员开展活动。女职工人数较多的，可以建立工会女职工委员会，在同级工会领导下开展工作；女职工人数较少的，可以在工会委员会中设女职工委员。"《工会法》第四十五条第二款规定："各级工会建立经费审查委员会。"在实践中，地方各级工会和基层工会按照有关规定，建立劳动法律监督委员会、劳动争议调解委员会等机构。基层工会委员会由基层工会组织的会员大会或会员代表大会选举产生。为了加强基层工会委员会与职工的直接联系，基层工会委员会一般不设常委会，大型企事业单位的基层工会委员会如因工作需要，经上级工会批准，可以设常务委员会。基层工会委员会要承担起自己的职责并完成基本任务，要把两个方面的组织系统建立健全起来。一是经过选举把工会小组建设好。这样才能使基层工会的工作通过组织系统有效地落实到群众中去，并且使会员群众的意见和要求通过组织系统很快地集中起来。二是根据工作需要，聘请工会积极分子，建立一些工作委员会，如生活工作委员会、劳动安全卫生工作委员会等。这样才能使基层工会把各种工作任务承担起来，并且通过这些工作委员会中的广大工会积极分子，加强同群众的联系，使整个基层工会的工作真正扎根于群众之中。加强基层工会组织建设的基础，就是要加强工会小组的建设。基层工会的许多活动，都要在工会小组里落实。工会小组犹如工会的细胞，细胞有了活力，基层工会的工作才能朝气蓬勃。

16 乡镇（街道）能否建立工会？

为了最大限度地把职工组织到工会中来，应当扩展和强化工会的组建工作，至于乡镇是否要普遍建立工会，应当根据不同情况，区别对待。在企业职工比较多的乡镇（街道），可以设立工会。《工会法》第十一条第二款规定："企业职工较多的乡镇、城市街道，可以建立基层工会的联合会。"

为深入贯彻党中央的决策部署，贯彻党的十九大和十九届二中、三中、四中全会精神，落实中国工会十七大要求，推动工会改革创新举措在基层落地见效，夯实工会基层基础，中华全国总工会于2019年下发了《关于加强乡镇（街道）工会建设的若干意见》，明确规定，"乡镇（街道）工会组织应依据《中华人民共和国工会法》和《中国工会章程》建立，不得随意撤销、合并，具备法人条件的，依法取得社会团体法人资格。乡镇（街道）工会组织形式有工会委员会、工会联合会和总工会。乡镇（街道）辖区内有企业100家以上、职工5000人以上，能够配备专职工会主席（副主席）和专职工作人员的，可以建立乡镇（街道）总工会"，"乡镇（街道）工会领导辖区内有隶属关系的各类基层工会组织（含区域性、行业性工会联合会）。根据工作需要，县

（市、区）总工会可以在不具备建立工会组织条件的乡镇（街道）设派出代表机关，即乡镇（街道）工会工作委员会"。

17 地方总工会及产业工会建立的原则是什么？

《工会法》第十一条第三款、第四款规定："县级以上地方建立地方各级总工会。同一行业或者性质相近的几个行业，可以根据需要建立全国的或者地方的产业工会。"

产业与地方相结合的原则，从组织上来说包括三层含义。一是按照产业原则，把同一企业、事业、机关、社会组织中的会员，组织在一个工会基层组织中，而不是在一个单位中按工种、按职业组成若干个职业工会。二是同一行业或性质相近的几个行业的职工建立产业工会组织，开展适合产业特点的活动，反映和解决本产业职工需要解决的共同性问题。三是按行政区划，在省、自治区、直辖市、自治州、市、县（旗）建立各级地方总工会，作为当地地方工会和产业工会地方组织的领导机关。《中国工会章程》提出了产业与地区相结合的原则，集中了产业原则的长处，发挥了地区的优势，使得工会系统在组织领导关系上更加完善，更加切合我国的实际。有的产业工会由于生产、管理高度集中，工会组织的领导关系实行产业工会与地方工会双重领导，以产业工会为主，如中华全国铁路总工会和民航工会等产业工会；有的产业工会是对下实行工作指导，主要由地方工会领导，如教育工会等。这样从实际情况出发确定产业工会的组织形式和领导关系，完全符合我国国情，也符合职工群众意愿。

18 《工会法》为什么规定全国建立统一的中华全国总工会？

《工会法》第十一条第五款规定："全国建立统一的中华全国总工会。"在全国建立统一的工会，是根据中国的历史、现实和职工群众的意愿作出的规定，目的是使职工群众的力量团结、统一，是符合职工群众根本利益的，也是职工群众当家做主的集中体现。建立统一的工会组织，有利于维护工人阶级队伍的团结，实现自己的历史使命，也有利于维护职工群众的合法权益。

19 为什么不得随意撤销、合并工会组织？

工会组织依法建立后，应当受到法律保护。《工会法》第十三条第一款、第二款规定："任何组织和个人不得随意撤销、合并工会组织。基层工会所在的用人单位终止或者被撤销,该工会组织相应撤销,并报告上一级工会。"

从实践情况看,违法撤销工会的现象主要包括取消工会牌子、收回工会工作场地、不按规定拨缴工会经费、取消工会专职工作人员、不给工会提供办公场所和设备等。合并工会的现象主要包括把工会委员会的工作机构和人员与党群工作部门或其他部门合并或合署办公等。上述违法行为,必须按照《工会法》和《中国工会章程》有关规定予以纠正。

20 工会是否具有法人资格?

法人是具有民事权利能力和民事行为能力,依法独立享有民事权利和承担民事义务的组织。按照我国《民法典》规定,我国的法人分为营利法人、非营利法人、特别法人,非营利法人包括事业单位、社会团体、基金会、社会服务机构等,特别法人包括机关法人、农村集体经济组织法人、城镇农村的合作经济组织法人、基层群众性自治组织法人等。此外,还存在非法人组织,包括个人独资企业、合伙企业、不具有法人资格的专业服务机构等。《民法典》规定,法人应当依法成立,应当有自己的名称、组织机构、住所、财产或者经费。工会属于社会团体法人,由于各级工会的具体情况差别较大,

《工会法》对工会的法人资格问题分两种情况作了规定：

（1）中华全国总工会、地方总工会、产业工会，从成立之日起具有社会团体法人资格。也就是说，中华全国总工会、地方总工会、产业工会不需办理法人登记手续即具有社会团体法人资格。

（2）基层工会组织具备《民法典》规定的法人条件的，依法取得社会团体法人资格。也就是说，一个基层工会组织是否能够取得法人资格，要依据《民法典》规定的法人条件予以确定。

21 基层工会委员会的任期是多久？

《工会法》第十六条规定："基层工会委员会每届任期三年或者五年。各级地方总工会委员会和产业工会委员会每届任期五年。"

基层工会委员会是基层工会会员代表大会或会员大会选举产生的基层工会组织的领导机构，在基层工会会员代表大会或会员大会闭会期间，负责执行会员大会或会员代表大会决议和上级工会的决定，主持基层工会的日常工作，承担企业、事业单位和其他社会组织职工代表大会工作机构的职责，代表本单位职工同行政方签订集体合同或专项协议。

22 《工会法》对工会主席、副主席的任职及罢免有哪些规定？

《工会法》第十四条规定："职工二百人以上的企业、事业单位、社会组织的工会，可以设专职工会主席。工会专职工作人员的人数由工会与企业、事业单位、社会组织协商确定。"《工会法》第十八条第一款规定："工会主席、副主席任期未满时，不得随意调动其工作。因工作需要调动时，应当征得本级工会委员会和上一级工会的同意。"这是保障法律赋予的会员大会或会员代表大会权力的需要，也是保障各级工会主席、副主席应向选举人负责并报告工作，接受监督的需要，以便他们能更好地代表和维护会员利益，依法做好工会领导工作。同时，这也是对工会依法独立自主开展工作的保障。这些都要求在调动工会主席、副主席的工作时，要充分尊重工会会员大会或会员代表大会的民主意志，保障工会主席、副主席依法履行会员赋予的职责。

根据《工会法》第十八条第二款规定："罢免工会主席、副主席必须召开会员大会或者会员代表大会讨论，非经会员大会全体会员或者会员代表大会全体代表过半数通过，不得罢免。"

23 《工会法》对工会工作人员的劳动合同有哪些保护性规定？

（1）基层工会专职主席、副主席或者委员自任职之日起，其劳动合同期限自动延长，延长期限相当于其任职期间。

（2）非专职主席、副主席或者委员自任职之日起，其尚未履行的劳动合同期限短于任期的，劳动合同期限自动延长至任期期满。

（3）任职期间个人严重过失或者达到法定退休年龄的，不执行上述延长期的规定。

24 工会如何保障企业、事业单位职工的民主权利？

《工会法》第二十条规定："企业、事业单位、社会组织违反职工代表大会制度和其他民主管理制度，工会有权要求纠正，保障职工依法行使民主管理的权利。法律、法规规定应当提交职工大会或者职工代表大会审议、通过、决定的事项，企业、事业单位、社会组织应当依法办理。"2012年，中华全国总工会、中共中央纪律检查委员会等单位联合颁布的《企业民主管理规定》第十三条规定:"职工代表大会行使下列职权:(一)听取企业主要负责人关于企业发展规划、年度生产经营管理情况,企业改革和制定重要规章制度情况,企业用工、劳动合同和集体合同签订履行情况,企业安全生产情况,企业缴纳社会保险费和住房公积金情况等报告,提出意见和建议;审议企业制定、修改或者决定的有关劳动报酬、工作时间、休息休假、劳动安全卫生、保险福利、职工培训、劳动纪律以及劳动定额管理等直接涉及劳动者切身利益的规章制度或者重大事项方案,提出意见和建议;(二)审议通过集体合同草案,按照国家有关规定提取的职工福利基金使用方案、住房公积金和社会保险费缴纳比例和时间的调整方案,劳动模范的推荐人选等重大事项;(三)选举或者罢免职工董事、职工监事,选举依法进入破产程序企业的债权人会议和债权人委员会中的职工代表,根据授权推荐或者选举企业经营管理人员;(四)审查监督企业执行劳动法律法规和劳动规章制度情况,民主评议企业领导人员,并提出奖惩建议;(五)法律法规规定的其他职权。"

25 工会在职工签订劳动合同中有哪些作用?

《工会法》第二十一条第一款规定:"工会帮助、指导职工与企业、实行企业化管理的事业单位、社会组织签订劳动合同。"这是工会推动劳动合同制度实施的切入点和主要任务,是工会依法维护职工合法权益的重要途径。签订规范的劳动合同,是依法维护职工合法权益的前提和基础。

劳动合同是职工与用人单位签订的,用以确定双方劳动关系,明确双方权利义务的协议。劳动合同的签订直接关系到职工的劳动就业、劳动报酬、劳动安全卫生、社会保险等权利的实现。在职工与企事业单位签订劳动合同的过程中,需要工会对职工提供帮助、指导。这些帮助和指导主要是对职工做一些宣传解释工作,让职工认识到签订劳动合同的重要性,指导职工如何签订劳动合同,告知职工什么是合法的、什么是违法的、有什么权利、应履行什么义务、怎样正确履行劳动合同、违反劳动合同要承担什么法律责任、发生合同纠纷后怎么办等问题,使职工依法正确签订劳动合同,避免盲目签订、签订空白合同、合同缺失必备条款等现象发生,便于劳动合同的正确履行,维护职工的合法权益。

26 工会如何代表职工签订集体合同?

《工会法》第二十一条第二款、第三款规定:"工会代表职工与企业、实行企业化管理的事业单位、社会组织进行平等协商,依法签订集体合同。集体合同草案应当提交职工代表大会或者全体职工讨论通过。工会签订集体合同，上级工会应当给予支持和帮助。"

工会代表职工与企业、实行企业化管理的事业单位、社会组织的行政方面签订集体合同，主要目的是保障本单位职工的劳动权益和其他合法权益，协调用人单位行政方与企业职工之间带有共性的劳动关系，促进劳资双赢。同时，集体合同把用人单位经营者和职工各自的义务用合同形式确定下来，使他们在生产经营过程中共担风险、共负责任、共享利益，有利于增强用人单位活力，为用人单位的发展提供可靠保障。集体合同的内容包括劳动报酬、工作时间、休息休假、劳动安全卫生、保险福利等事项。用人单位与劳动者订立的劳动合同中劳动报酬和劳动条件等标准不得低于集体合同规定的标准。

集体合同草案应提交职工代表大会或者全体职工讨论通过。工会代表职工进行平等协商、签订集体合同，同时也有权对集体合同的履行进行监督和检查。集体合同草案在提交职工代表大会或全体职工讨论通过后，由工会主席代表全体职工与企业、事业单位的行政领导人或经营者签署。在签订集体合同时，上级工会可以给予指导和帮助，这对保证集体合同签订的合法、规范，减少纠纷，有积极的作用。

27 遇到企业违反集体合同的情况，工会该怎么办？

《工会法》第二十一条第四款规定，企业、事业单位、社会组织违反集体合同，侵犯职工劳动权益的，工会可以依法要求企业、事业单位、社会组织予以改正并承担责任；因履行集体合同发生争议，经协商解决不成的，工会可以向劳动争议仲裁机构提请仲裁，仲裁机构不予受理或者对仲裁裁决不服的，可以向人民法院提起诉讼。

因履行集体合同发生争议，首先双方应当尽量协商，依据集体合同条款及有关法规规章规定解决问题，这是化解矛盾最好的方式。如果双方不能协商解决，工会和企业中任何一方均可以向劳动争议仲裁机构申请仲裁。双方中的任何一方对仲裁机构不予受理决定或者对仲裁裁决不服的，可以向人民法院提起诉讼。

28 工会如何帮助受单位不适当处分或辞退的职工？

《工会法》第二十二条规定："企业、事业单位、社会组织处分职工，工会认为不适当的，有权提出意见。

用人单位单方面解除职工劳动合同时，应当事先将理由通知工会，工会认为用人单位违反法律、法规和有关合同，要求重新研究处理时，用人单位应当研究工会的意见，并将处理结果书面通知工会。职工认为用人单位侵犯其劳动权益而申请劳动争议仲裁或者向人民法院提起诉讼的，工会应当给予支持和帮助。"

（1）企业、事业单位、社会组织处分职工，工会有权提出意见。企业、事业单位、社会组织要对工会提出的意见认真考虑，采纳合理的建议，及时纠正不恰当的处分。这一规定，有助于保障企业、事业单位、社会组织依法处分职工，有助于维护职工合法权益。

（2）解除劳动合同是企业对职工最严厉的处分形式，直接影响职工的工作和生活，为此必须慎重且要依法进行。根据《工会法》第二十二条的规定，用人单位解除劳动合同应有法定理由，并应当事先将理由通知工会；工会对用人单位作出的解除劳动合同的决定，如有违反法律法规和劳动合同、集体合同的，要及时提出反对意见，要求用人单位重新依法研究处理。这样做既有利于保障职工合法权益不受侵害，稳定职工情绪，又有利于促进用人单位依法行使职权。对工会提出的意见，用人单位必须认真研究，慎重处理，并将处理结果以书面形式正式通知工会。

29 职工的劳动权益受到侵犯时，工会如何处理？

职工的劳动权益，是指基于劳动关系的建立而产生的职工应当享有的合法的权利，包括劳动合同的订立、履行、解除或终止，劳动报酬，工作时间和休息休假，劳动安全卫生，职业培训、社会保险与福利待遇，奖励，企业民主管理等方面的权利。

《工会法》第二十三条规定："企业、事业单位、社会组织违反劳动法律法规规定，有下列侵犯职工劳动权益情形，工会应当代表职工与企业、事业单位、社会组织交涉，要求企业、事业单位、社会组织采取措施予以改正；企业、事业单位、社会组织应当予以研究处理，并向工会作出答复；企业、事业单位、社会组织拒不改正的，工会可以提请当地人民政府依法作出处理：（一）克扣、拖欠职工工资的；（二）不提供劳动安全卫生条件的；（三）随意延长劳动时间的；（四）侵犯女职工和未成年工特殊权益的；（五）其他严重侵犯职工劳动权益的。"

根据我国有关法律、法规规定，用人单位违反劳动法律、法规，侵害职工合法权益的，工会应当帮助职工维权。工会可以代表职工与企业协商，或者组织双方进行调解。通过调解或者协商不能解决的，职工可向劳动争议仲裁机构申请仲裁；对仲裁裁决不服的，可依法向人民法院提起诉讼。对于向仲裁机构提起仲裁或者向人民法院提起诉讼的职工，工会应当给予支持并为其提供法律帮助。法律帮助包括提供法律咨询、代写法律文书、指派援助律师提供法律援助等。

30 工会对新建、扩建企业和技术改造工程中的劳动条件和安全卫生设施如何监督？

《工会法》第二十四条规定："工会依照国家规定对新建、扩建企业和技术改造工程中的劳动条件和安全卫生设施与主体工程同时设计、同时施工、同时投产使用进行监督。对工会提出的意见，企业或者主管部门应当认真处理，并将处理结果书面通知工会。"

2021年修订的《中华人民共和国安全生产法》（以下简称《安全生产法》）第六十条规定："工会有权对建设项目的安全设施与主体工程同时设计、同时施工、同时投入生产和使用进行监督，提出意见。工会对生产经营单位违反安全生产法律、法规，侵犯从业人员合法权益的行为，有权要求纠正；发现生产经营单位违章指挥、强令冒险作业或者发现事故隐患时，有权提出解决的建议，生产经营单位应当及时研究答复；发现危及从业人员生命安全的情况时，有权向生产经营单位建议组织从业人员撤离危险场所,生产经营单位必须立即作出处理。工会有权依法参加事故调查,向有关部门提出处理意见,并要求追究有关人员的责任。"

工会依法对"三同时"进行监督,主要是监督新建工程项目的劳动安全卫生设施是否齐全,作业条件是否符合国家相关标准,以防止新建、改建、扩建生产性基本建设工程项目产生新的隐患,避免历史遗留隐患未消除又产生新的隐患,从而保障职工在生产过程中具有最基本的安全生产条件。

企业或主管部门对工会提出的意见,应当认真研究、处理解决,并应当将研究处理结果书面通知工会。对确有法律依据的,应按工会的意见处理。对未按工会意见处理的,工会还可以向有关主管部门反映,或向上一级工会反映,要求解决。

31 当企业、事业单位、社会组织发生侵犯职工合法权益问题时,工会如何进行调查?

《工会法》第二十六条规定:"工会有权对企业、事业单位、社会组织侵犯职工合法权益的问题进行调查,有关单位应当予以协助。"

这里的工会,包括基层工会、区域工会和县以上各级总工会、产业工会。工会行使调查权时,可以派出代表，持工会法律监督工作证或有关证明。调查方式可以多种多样，既可以询问有关人员以取得第一手材料，也可以实地调查取证，掌握企业、事业单位侵犯职工合法权益的起因、过程及造成的后果，为依法提出处理意见准备事实根据。对工会的调查，企业、事业单位、社会组织应该予以协助，提供方便条件，不得故意设置障碍。工会对企业、事业单位、社会组织干扰工会进行调查的行为，可以提交人力资源和社会保障等行政部门查处。工会依法行使调查权，为工会维护职工群众的合法权益提供有效的手段，同时，工会通过行使这一权利，也可以促进企业、事业单位、社会组织依法行使职权，尊重职工的各项合法权益，从而为开展工会工作提供有力的保障。

32 发现明显重大事故隐患和职业危害时，工会如何处理？

《工会法》第二十五条规定："工会发现企业违章指挥、强令工人冒险作业，或者生产过程中发现明显重大事故隐患和职业危害，有权提出解决的建议，企业应当及时研究答复；发现危及职工生命安全的情况时，工会有权向企业建议组织职工撤离危险现场，企业必须及时作出处理决定。"

违章指挥是企业行政方在生产过程中,不遵守国家关于安全生产和工业卫生方面的安全规程或规章制度,命令或指挥工人违章操作或冒险作业。明显重大事故隐患是指在生产过程中或作业现场不仅存在着事故苗头,而且这种苗头已非常明显,如果不采取措施,就将发生致人重伤或死亡,或给国家财产造成重大损失的事故。职业危害是指在生产过程中或作业场所存在着危害职工身体健康的尘毒危害和工业性毒物,如果不采取防治措施,将直接危害职工生命健康,导致职业病。

工会发现企业行政方面违章指挥、强令工人冒险作业,或者生产过程中发现明显重大事故隐患和职业危害,有权提出解决的建议,建议企业停止违章指挥,改变让工人冒险作业的指令,采取有力措施消除生产过程中存在的明显事故隐患和职业危害,以确保职工的生命健康。企业方面应当及时研究工会的意见,不得推诿,并将处理结果及时通知工会。

工会在生产过程中发现危及职工生命安全的情况时,有权向企业建议组织职工撤离危险现场。企业或现场指挥人员应及时研究工会的建议,果断地作出处理决定,避免伤亡事故的发生。这里需要说明的是,对解决企业行政方面违章指挥,对职工撤离即将发生重大事故的危险现场,规定的都是工会向企业行政方面提出"建议",而不是去直接制止或组织撤离。这是因为涉及生产的指挥和组织问题，应当由企业、公司行政决定。工会为了维护职工的生命和健康，有提出解决问题的建议权，工会的建议权与企业、公司的经营管理权目标是一致的。工会行使这一权利，防患于未然，不仅保障了职工的生命安全，而且保护了企业的利益不受损害，有利于维护企业行政的指挥权威，提高职工安全生产的自觉性。

33 工会如何调查因工伤亡事故和其他严重危害职工健康的问题？

《工会法》第二十七条规定："职工因工伤亡事故和其他严重危害职工健康问题的调查处理，必须有工会参加。工会应当向有关部门提出处理意见，并有权要求追究直接负责的主管人员和有关责任人员的责任。对工会提出的意见，应当及时研究，给予答复。"《安全生产法》和《中华人民共和国职业病防治法》也有相关的规定。

作为职工权益的代表者和维护者，工会在参加伤亡事故调查处理时要特别注意保护职工的合法权益。

（1）要注意是否有瞒报、漏报事故的情况。瞒报、漏报事故，一是有可能使伤亡职工不能依法享受工伤保险待遇和遗漏用人单位应当依法承担的赔偿责任；二是无法防范同类事故的发生，从而可能使更多的职工受到同样的伤害。

（2）工会在事故调查、事故原因分析时，既要分析事故的直接原因（人的不安全行为和物的不安全状态），更要分析导致事故的间接原因（管理缺陷）；在确定和处理事故责任者时，既要确定和处理事故的直接责任者（包括直接操作者和直接指挥者），也要确定和处理事故的间接责任者（包括负有领导责任的领导者和负有管理责任的管理人员）。只有这样，事故调查处理才比较全面、公正。

（3）在伤亡事故调查处理过程中，要调查了解用人单位是否为职工缴纳了工伤保险费。当用人单位违反了有关法律，侵害了职工的合法权益，受害人提出工伤赔偿等诉求时，工会应当依法为符合条件的职工提供必要的法律援助。

34 企业、事业单位、社会组织发生职工停工、怠工等事件，工会应当如何处理？

《工会法》第二十八条规定："企业、事业单位、社会组织发生停工、怠工事件，工会应当代表职工同企业、事业单位、社会组织或者有关方面协商，反映职工的意见和要求并提出解决意见。对于职工的合理要求，企业、事业单位、社会组织应当予以解决。工会协助企业、事业单位、社会组织做好工作，尽快恢复生产、工作秩序。"

在处理企业、事业单位、社会组织的停工、怠工事件中，工会作为党和政府联系职工群众的桥梁和纽带，与职工有着密切联系，熟悉职工的具体利益，了解职工的意见和要求，能够在协调企业、事业单位、社会组织行政与职工之间的关系上发挥重要作用。工会应当代表和维护职工的利益，反映职工的意见和要求并提出解决意见，对职工提出的合理要求，要代表职工与企业、事业单位、社会组织行政或者有关方面进行协商，督促及时解决，满足职工合理合法的意愿和要求，避免矛盾激化。同时，要教育和引导职工尽早投入生产和工作，恢复正常的生产和工作秩序。要使职工懂得，坚持和发展生产，于国家有利，于企业有利，于自己也有利。在企业、事业单位、社会组织发生职工停工、怠工事件时，只有正确处理好企业、事业单位、社会组织与职工的关系，妥善解决矛盾，才能避免可能发生的重大恶性事件，维护企业、事业单位、社会组织正常秩序，促进社会安定和经济的发展。

35 工会如何通过劳动争议调解委员会维护职工权益？

劳动争议调解委员会依法调解本企业劳动争议，在分清是非和民主协商的基础上，达成协议，解决劳动纠纷。《工会法》第二十九条第一款规定："工会参加企业的劳动争议调解工作。"工会参加企业的劳动争议调解工作，有利于化解矛盾，增强团结，促进生产，稳定大局。

根据《中华人民共和国劳动争议调解仲裁法》的相关规定，企业劳动争议调解委员会由职工代表和企业代表组成。职工代表由工会成员担任或者由全体职工推举产生，企业代表由企业负责人指定。企业劳动争议调解委员会主任由工会成员或者双方推举的人员担任。这就决定了企业工会在劳动争议调解程序中具有特殊的地位。

劳动争议调解委员会日常工作机构设在企业工会，企业工会主要负责组织召开劳动争议调解委员会会议，受理劳动争议，支持劳动争议调解委员会的工作，向广大职工和企业行政宣传劳动争议调解的作用和意义，促进调解工作的顺利进行。

企业工会在劳动争议调解过程中的作用主要通过其在劳动争议调解委员会中的代表进行，既要维护职工合法权益，又要依法维护企业的合法权益，在以事实为根据，以法律为准绳的原则上进行调解工作，促进劳资双赢。企业工会虽然以其在劳动争议调解过程中的特殊地位组织并参加调解，但它不能替代劳动争议调解委员会的工作，对劳动争议事项的具体调解工作应由劳动争议调解委员会进行。

36 工会如何实施法律援助？

《工会法》第三十条规定："县级以上各级总工会依法为所属工会和职工提供法律援助等法律服务。"《法律援助法》第六十八条明确规定："工会、共产主义青年团、妇女联合会、残疾人联合会等群团组织开展法律援助工作，参照适用本法的相关规定。"

按照中华全国总工会《工会法律援助办法》规定，县级以上地方工会和具备条件的地方产业工会设立法律援助机构，在同级工会领导下开展工作；地方工会可以与司法行政部门协作成立工会（职工）法律援助工作站，也可以与律师事务所等机构合作，签订职工法律援助服务协议。

工会法律援助的范围包括：（一）劳动争议案件；（二）因劳动权益涉及的职工人身权、民主权、财产权受到侵犯的案件；（三）工会工作者因履行职责合法权益受到侵犯的案件；（四）工会组织合法权益受到侵犯的案件；（五）工会认为需要提供法律援助的其他事项。

工会法律援助的形式包括：（一）普及法律知识；（二）提供法律咨询；（三）代写法律文书；（四）参与协商、调解；（五）仲裁、诉讼代理；（六）其他法律援助形式。

37 工会在劳动争议仲裁中发挥什么作用？

劳动争议仲裁，是指劳动争议仲裁委员会根据当事人的申请，依法对劳动争议在事实上作出判断、在权利义务上作出裁决的一种法律制度。劳动争议仲裁委员会依法成立，通过仲裁方式处理劳动争议，独立行使劳动争议仲裁权。劳动争议仲裁委员会是解决劳动争议的专门机构，由劳动行政部门代表、工会代表、企业方面代表组成。

《工会法》第二十九条第二款规定："地方劳动争议仲裁组织应当有同级工会代表参加。"劳动争议仲裁工作是公正合理地处理劳动争议的重要环节，工会代表参加劳动争议仲裁委员会，依法维护职工的合法权益，有利于劳动争议仲裁委员会听取各方面意见，正确行使仲裁权，解决劳动争议。

38 工会如何协助企业、事业单位、社会组织、机关办好职工集体福利事业？

《工会法》第三十一条规定："工会协助用人单位办好职工集体福利事业，做好工资、劳动安全卫生和社会保险工作。"

职工集体福利事业，是由企业、事业单位、社会组织、机关行政方面兴办的，包括职工食堂、医务室以及生活供应等各项集体事业。办好这些职工集体福利事业，有利于保障职工身体健康，进一步调动职工群众的生产积极性，更好地发展生产。

工会协助企业、事业单位、社会组织、机关办好职工集体福利事业，是工会性质的必然要求。关心职工生活，帮助职工群众解决生活问题，是工会密切联系群众的有效手段。工会关心职工生活，为他们办好事、办实事，使广大职工群众感到工会确实是自己的组织，工会才能更广泛地团结职工群众。

工会要做好职工的生活工作，首先要搞好职工的生活福利事业，建言献策，推动用人单位重视集体福利事业，并协助行政方兴办集体福利事业，改善各项集体福利设施。工会要做好后勤职工的思想教育工作，提高他们对服务工作的认识，树立良好的服务态度和职业道德观念；要定期组织对集体福利事业的监督检查，促进服务水平的不断提高；要协助行政改善职工生活条件。

39 工会如何协助用人单位做好职工劳动安全卫生工作？

劳动安全卫生，是指通过加强劳动保护管理和采取安全技术、工业卫生等综合措施，不断改善劳动条件，防止或消除生产中的伤亡事故和各种职业危害，保障职工的安全和健康，以保护生产力、不断提高劳动效率和经济效益。劳动安全卫生主要包括三个方面，即劳动保护管理、安全技术、工业卫生。

加强劳动保护，搞好安全生产，保护职工的安全和健康，关系到职工的切身利益。工会要从自己的性质、特点出发做好劳动保护工作；要关心职工劳动条件的改善，维护职工在劳动中的安全健康，监督国家有关劳动保护、安全技术、工业卫生等法律、法规、规章的贯彻执行。工会应向职工进行安全教育，督促行政方面解决影响职工安全健康的问题，参加安全检查和伤亡事故的调查处理，通过开展群众性的监督检查活动，进行群众性劳动安全卫生宣传教育，组织预防事故和职业病的群众活动等，搞好劳动保护工作。

40 工会如何协助用人单位做好职工社会保险工作？

社会保险工作，是工会为维护职工享有国家法律所规定的社会保障权利的一项群众性工作。社会保险是社会保障体系中的一项重要制度，是社会保障制度的核心内容。社会保险制度，是国家和社会对暂时或永久丧失劳动能力的职工以及失业者给予物质帮助或物质保障的制度，包括养老、医疗、失业、工伤、生育保险。实行社会保险制度，在保护职工身体健康、解决职工在生活上的后顾之忧方面起到了重要作用。工会要积极参与、推动我国社会保险制度的改革，协助政府和用人单位进一步做好职工的社会保险工作。按照《中华人民共和国社会保险法》有关规定，工会依法维护职工的合法权益，有权参与社会保险重大事项的研究，参加社会保险监督委员会，对与职工社会保险权益有关的事项进行监督。

41 工会应当如何开展职工教育活动，丰富职工文化生活？

《工会法》第三十二条规定："工会会同用人单位加强对职工的思想政治引领，教育职工以国家主人翁态度对待劳动，爱护国家和单位的财产；组织职工开展群众性的合理化建议、技术革新、劳动和技能竞赛活动，进行业余文化技术学习和职工培训，参加职业教育和文化体育活动，推进职业安全健康教育和劳动保护工作。"

做好职工思想政治工作，加强对职工的思想政治引领，团结引导广大职工听党话、跟党走，是工会组织必须履行好的政治责任。党的十八大以来，习近平总书记就做好职工思想政治工作发表一系列重要讲话，作出一系列重要指示，为做好职工思想政治工作提供了根本遵循。中共中央、国务院出台《关于新时代加强和改进思想政治工作的意见》，明确了新时代加强和改进思想政治工作的指导思想、方针原则、重要举措、方式方法和工作格局。各级工会要切实提高政治站位，把职工思想政治工作作为一项重大政治任务抓常抓细抓好。

业余文化、技术学习和培训，属于职工文化技术教育工作，是我国成人教育的重要组成部分，在整个国民教育体系中占有重要地位。职工教育是工会工作的重要内容，工会要积极主动地参与当地政府部门和企业行政组织的职工教育工作，进一步办好工会系统的各级各类职工学校，深入开展读书自学活动，鼓励和支持职工走岗位成才之路，发挥工会优势，大力推动岗位培训。工会在组织职工开展文化技术教育时，要依照"全员培训""正规化"的原则来进行。所谓"全员培训"，就是要对各行各业所有职工无例外地进行结合本职工作的科学文化技术知识教育和技能技巧的训练。"正规化"，是指职工教育应该努力做到任务明确、要求具体、制度严格、进度合理、成绩显著。

工会通过组织职工开展各种有益的文体活动，使职工在活动中受到熏陶、教育和锻炼，不仅能提高职工的文化素质，而且也可以提高职工的社会主义思想、道德水准和健康水平，使职工得到及时休息，以更充沛的精力投身于生产中,提高劳动效率。工会要充分运用工人文化宫、俱乐部、"职工书屋"、职工之家等文化设施,广泛组织职工开展文化体育活动,使职工群众在完成生产工作任务之后,得到有益于身心健康的文化娱乐和休息,以消除疲劳、恢复体力、陶冶性情、焕发精神,并得到美的享受;还要通过举办多种类型的报告会、演讲会、学习班、座谈会、讲座和展览,努力提高职工的科学知识、文化技能和体育、美育水平。为此,工会要积极创造条件,使职工群众在业余时间能参加各种文化娱乐活动。

42 工会如何源头维护职工合法权益?

《工会法》第三十四条规定:"国家机关在组织起草或者修改直接涉及职工切身利益的法律、法规、规章时,应当听取工会意见。县级以上各级人民政府制定国民经济和社会发展计划,对涉及职工利益的重大问题,应当听取同级工会的意见。县级以上各级人民政府及其有关部门研究制定劳动就业、工资、劳动安全卫生、社会保险等涉及职工切身利益的政策、措施时,应当吸收同级工会参加研究,听取工会意见。"

参与立法是工会的法定职责,是工会宏观参与、源头参与的重要内容,是工会维护职工合法权益、竭诚服务职工群众最为根本和有效的途径。全国各级工会立足工会基本职责，以维护职工合法权益为出发点和落脚点，服务大局、突出重点，持续做好参与立法工作。围绕全面依法治国重要机遇和国家立法工作重点，在完善中国特色社会主义法律体系进程中不断彰显工会作为；围绕职工群众最关心最直接最现实的利益问题，在劳动就业、收入分配、劳动安全卫生、社会保障等方面持续推动和参与劳动保障法律法规规章制定修改；围绕实现职工民主权利和发展和谐劳动关系的基本要求，在集体协商、企事业单位民主管理、工会劳动法律监督、劳动争议协商调解等方面不断推动完善工会法律制度。

43 企业职工如何参与企业民主管理？

职工有权参与企业民主管理，但是，不可能每一个职工都直接参与管理企业，只能选出自己的代表，通过一定的组织方式来进行。职工代表大会是企业实行民主管理的基本形式，是职工行使民主管理权利的机构。职工代表是由职工民主选举出来的。

企业职工代表大会行使下列职权：

（1）听取企业主要负责人关于企业发展规划、年度生产经营管理情况，企业改革和制定重要规章制度情况，企业用工、劳动合同和集体合同签订履行情况，企业安全生产情况，企业缴纳社会保险费和住房公积金情况等报告，提出意见和建议；审议企业制定、修改或者决定的有关劳动报酬、工作时间、休息休假、劳动安全卫生、保险福利、职工培训、劳动纪律以及劳动定额管理等直接涉及劳动者切身利益的规章制度或者重大事项方案，提出意见和建议。

（2）审议通过集体合同草案，按照国家有关规定提取的职工福利基金使用方案、住房公积金和社会保险费缴纳比例和时间的调整方案，劳动模范的推荐人选等重大事项。

（3）选举或者罢免职工董事、职工监事，选举依法进入破产程序企业的债权人会议和债权人委员会中的职工代表，根据授权推荐或者选举企业经营管理人员。

（4）审查监督企业执行劳动法律法规和劳动规章制度情况，民主评议企业领导人员，并提出奖惩建议。

（5）法律法规规定的其他职权。

国有企业和国有控股企业职工代表大会除行使上述职权外，还行使下列职权：

（1）听取和审议企业经营管理主要负责人关于企业投资和重大技术改造、财务预决算、企业业务招待费使用等情况的报告，专业技术职称的评聘、企业公积金的使用、企业的改制等方案，并提出意见和建议；

（2）审议通过企业合并、分立、改制、解散、破产实施方案中职工的裁减、分流和安置方案；

（3）依照法律、行政法规、行政规章规定的其他职权。

企业职工应当尊重和支持企业依法行使管理职权，积极参与企业管理。职工是企业管理的重要参与者，是企业实行民主管理的重要主体，在企业民主管理中负有极其重要的责任。职工应当具有高度的民主管理意识和素养，积极参与企业民主管理活动，勇于表达自己的意愿和利益诉求，规范行使各项民主管理权利，主动提出改进企业民主管理、促进企业科学发展的意见建议，使企业民主管理成为汇集职工智慧和力量、促进企业可持续发展的源泉，推动企业健康发展。

44 为什么工会组织要推动企业实行民主管理？

组织职工依法参与企业管理，开展企业民主管理活动，维护职工合法权益，既是企业工会的职责，也是各级工会组织的任务。《工会法》第六条第三款规定："工会依照法律规定通过职工代表大会或者其他形式，组织职工参与本单位的民主选举、民主协商、民主决策、民主管理和民主监督。"《工会法》第三十六条第一款规定："国有企业职工代表大会是企业实行民主管理的基本形式，是职工行使民主管理权力的机构，依照法律规定行使职权。"《工会法》第三十七条规定:"集体企业的工会委员会,应当支持和组织职工参加民主管理和民主监督,维护职工选举和罢免管理人员、决定经营管理的重大问题的权力。"《工会法》第三十八条规定:"本法第三十六条、第三十七条规定以外的其他企业、事业单位的工会委员会,依照法律规定组织职工采取与企业、事业单位相适应的形式,参与企业、事业单位民主管理。"

把民主管理作为工会工作的重点,既是法律赋予工会组织的职责,也是新形势下协调劳动关系对工会提出的客观要求。《企业民主管理规定》第五条规定:"企业工会应当组织职工依法开展企业民主管理,维护职工合法权益。上级工会应当指导和帮助企业工会和职工依法开展企业民主管理活动,对企业实行民主管理的情况进行监督。"依法建立起来的工会组织,必须代表和维护广大职工的合法权益和合理诉求,而大多数职工的利益诉求需要通过职工代表大会这一规范的制度以少数服从多数的民主方式来实现。工会可通过实行企业民主管理履行维护职能,即维护职工群众依法享有的民主政治权利和劳动经济权益。

45 职工代表大会与工会的关系是什么?

《工会法》第三十六条第二款规定:"国有企业的工

会委员会是职工代表大会的工作机构，负责职工代表大会的日常工作，检查、督促职工代表大会决议的执行。"

职工代表大会与工会的关系是，工会是职工代表大会的工作机构，而不是它的常设机构。工作机构与常设机构是有原则区别的：常设机构在职工代表大会闭会期间行使职工代表大会的职权，工作机构没有这种职权。它的任务是会同有关部门进行大会的筹备工作、会务工作以及大会闭会期间的日常组织工作，办理职工代表大会或主席团交办的事项。工会作为职工代表大会的工作机构，工作内容包括建立、健全职工代表大会制度和做好职工代表大会的宣传教育工作；提出关于召开职工代表大会的中心议题和议程的建议，会同有关部门准备会议文件和做好会议的筹备工作；组织选举职工代表，审查代表资格；组织职工代表活动，检查大会决议、提案的落实情况；组织与支持各专门工作委员会开展活动；培训职工代表等。

职工代表大会制度是企业民主管理制度的基本形式。工会是职工代表大会的工作机构，承担着组织职工参与民主决策、民主管理和民主监督的任务。因此，由工会承担职工代表大会的日常工作，作为职工代表大会的工作机构是适宜的。企业工会作为职工代表大会的工作机构，应该检查督促职工代表大会决议的执行情况，发动职工落实职工代表大会决议。

46 工会参与企业决策具体体现在哪些方面？

《工会法》第三十九条规定："企业、事业单位、社会组织研究经营管理和发展的重大问题应当听取工会的意见；召开会议讨论有关工资、福利、劳动安全卫生、工作时间、休息休假、女职工保护和社会保险等涉及职工切身利益的问题，必须有工会代表参加。企业、事业单位、社会组织应当支持工会依法开展工作，工会应当支持企业、事业单位、社会组织依法行使经营管理权。"

企业、事业单位、社会组织在经营管理方面是具有自主权的，是独立进行的。但是企业、事业单位、社会组织在研究经营管理和发展的重大问题时，往往涉及职工利益，听取工会的意见能使企业、事业单位、社会组织在决策前充分听取各方面的意见，有利于决策的科学化、民主化，更有利于维护职工的合法权益。同时，工会参加企业、事业单位、社会组织重大问题的讨论，也可以使广大职工更好地了解企业、事业单位、社会组织制订发展计划的依据、原因以及发展方向，建言献策，反映诉求，企业、事业单位、社会组织也可以取得广大职工的支持，更进一步调动职工群众的生产积极性，促进企业、事业单位、社会组织的发展。

工会是代表职工利益、为职工说话办事的群众组织。

当企业、事业单位、社会组织召开讨论有关工资、福利、劳动安全卫生、社会保险等涉及职工切身利益的会议时，要有工会代表参加，使工会在讨论这些涉及职工切身利益的问题的会议上，能够反映职工的意见和要求，在工资、福利、劳动安全卫生等方面维护职工的合法权益，促进企业、事业单位、社会组织稳定健康发展。

47 为什么基层工会委员会组织职工活动应当在生产时间以外进行？

《工会法》第四十一条第一款规定："基层工会委员会召开会议或者组织职工活动，应当在生产或者工作时间以外进行，需要占用生产或者工作时间的，应当事先征得企业、事业单位、社会组织的同意。"

生产或工作时间是指法定的从事生产或工作的时间。工会召开会议或组织职工活动一般应当在业余时间进行，这是工会开展活动的一项基本原则。如果工会活动经常占用生产或工作时间，就会影响正常的生产和工作。确实需要占用生产或者工作时间开展活动的，应当事先征得企业、事业单位、社会组织的同意。

48 为什么要规定基层工会的非专职委员从事工会工作的时间？

《工会法》第四十一条第二款规定："基层工会的非专职委员占用生产或者工作时间参加会议或者从事工会工作，每月不超过三个工作日，其工资照发，其他待遇不受影响。"

非专职工会委员，不像专职工会工作者那样可以将全部工作时间用于工会活动，而是要把主要精力放在生产上，因此，非专职工会委员从事工会活动大部分是利用业余时间。在某些场合下，当非专职工会委员从事工会活动必须占用生产时间时，应在法律规定的限度内。在此限度内，法律保障其基本的权益，即工资和待遇不受影响。企业、事业单位应依法为非专职工会委员提供必要的用于完成工会活动的时间，因为劳动报酬包括工资、奖金等，都是根据生产或工作时间以及完成的任务来支付的。非专职工会委员有时组织或参加一些不可能利用业余时间进行的工会活动时，如文体比赛和会议等，就会影响他们的生产或工作，相应地就要影响他们获得的劳动报酬。为了调动非专职工会委员从事工会工作的积极性，使他们不致因为从事工会工作而使自己的劳动报酬受损失，《工会法》第四十一条第二款的规定较好地解决了非专职工会委员占用生产时间从事工会活动的问题，保证了非专职工会工作者的工资和福利待遇不受影响，对企业来说，也有一个明确的限度，保障了企业的权益。

49 如何支付基层工会专职工作人员的工资福利待遇？

《工会法》第四十二条规定："用人单位工会委员会的专职工作人员的工资、奖励、补贴，由所在单位支付。社会保险和其他福利待遇等，享受本单位职工同等待遇。"这一规定明确了工会基层专职工作人员工资的开支渠道，为基层工会专职工作人员领取工资、奖励、补贴提供了法律上的依据。

这里说的工资，包括附加工资，在实行结构工资制的单位，则包括基础工资、职务工资、工龄工资；在企事业单位，奖励包括月奖金、年终奖金以及生产奖等，应与同级别的管理人员同等对待，在机关，应与机关同级别的工作人员同等对待；补贴包括国家补贴，企业、事业单位和机关内部为本单位职工发放的各种补贴。

对于基层工会专职工作人员的社会保险和其他福利待遇等，《工会法》也明确了相应的开支渠道和支付标准，即基层工会专职工作人员社会保险费用的缴纳和领取、生活福利待遇的发放等享受与所在的企业、事业单位、机关中的其他职工相同的执行渠道和相同的支付标准。

50 工会经费包括哪些部分？

按照《工会法》第四十三条第一款规定，工会经费的来源包括：

（1）工会会员缴纳的会费；

（2）建立工会组织的用人单位按每月全部职工工资总额的百分之二向工会拨缴的经费；

（3）工会所属的企业、事业单位上缴的收入；

（4）人民政府的补助；

（5）其他收入。

其一，工会会员缴纳的会费。工会会员缴纳的会费是工会经费的重要来源之一，是会员应尽的义务，同时也是会员在工会组织内享受权利的物质基础，它是会员组织观念的体现，有利于职工之间互助互济，增强阶级友爱和阶级团结。会员会费缴纳标准目前是按工资的0.5%缴纳。

其二，建立工会组织的用人单位按每月全部职工工资总额的2%向工会拨缴的经费。这是工会经费的主要来源。这部分经费在税前列支，即可以将这一部分费用列入成本，由此减少了相应的税收，体现了国家的支持。

其三，工会所属的企业、事业单位上缴的收入。工会所属的企业、事业单位上缴的收入，是工会经费的来源之一。"上缴的收入"是指工会所属的企业和事业单位以自身的业务收入抵补各项支出后的净收益，按照规定上缴主管工会的一部分收入，作为主管工会的经费来源之一，用于弥补工会活动经费的不足和发展工会事业。

其四，人民政府的补助。人民政府补助，是中央或地方政府财政给工会的补贴、基建费用、活动经费或专项经费。

其五，其他收入。是指个人、社团及海外侨胞、友人的捐助，工会变卖财产收入，银行存款利息收入等。

中华全国总工会于2017年颁布的《基层工会经费收支管理办法》第四条进一步规定，基层工会经费收入范围包括：

（1）会费收入。会费收入是指工会会员依照全国总工会规定按本人工资收入的0.5%向所在基层工会缴纳的会费。

（2）拨缴经费收入。拨缴经费收入是指建立工会组织的单位按全部职工工资总额的2%依法向工会拨缴的经费中的留成部分。

（3）上级工会补助收入。上级工会补助收入是指基层工会收到的上级工会拨付的各类补助款项。

（4）行政补助收入。行政补助收入是指基层工会所在单位依法对工会组织给予的各项经费补助。

（5）事业收入。事业收入是指基层工会独立核算的所属事业单位上缴的收入和非独立核算的附属事业单位的各项事业收入。

（6）投资收益。投资收益是指基层工会依据相关规定对外投资取得的收益。

（7）其他收入。其他收入是指基层工会取得的资产盘盈、固定资产处置净收入、接受捐赠收入和利息收入等。

51 工会经费使用的原则是什么？

《工会法》第四十三条第三款规定："工会经费主要用于为职工服务和工会活动。经费使用的具体办法由中华全国总工会制定。"这为工会经费的合理使用提供了原则依据。《工会法》对工会经费使用的具体办法未作具体规定，而是授权中华全国总工会制定经费使用的具体办法，体现了工会经费独立原则和工会依法独立开展活动原则。

中华全国总工会《基层工会经费收支管理办法》第三条规定，基层工会经费收支管理应遵循以下原则：

（1）遵纪守法原则。基层工会应依据《中华人民共和国工会法》的有关规定，依法组织各项收入，严格遵守国家法律法规，严格执行全国总工会有关制度规定，严肃财经纪律，严格工会经费使用，加强工会经费收支管理。

（2）经费独立原则。基层工会应依据全国总工会关于工会法人登记管理的有关规定取得工会法人资格，依法享有民事权利、承担民事义务，并根据财政部、中国人民银行的有关规定，设立工会经费银行账户，实行工会经费独立核算。

（3）预算管理原则。基层工会应按照《工会预算管理办法》的要求，将单位各项收支全部纳入预算管理。基层工会经费年度收支预算（含调整预算）需经同级工会委员会和工会经费审查委员会审查同意，并报上级主管工会批准。

（4）服务职工原则。基层工会应坚持工会经费正确的使用方向，优化工会经费支出结构，严格控制一般性支出，将更多的工会经费用于为职工服务和开展工会活动，维护职工的合法权益，增强工会组织服务职工的能力。

（5）勤俭节约原则。基层工会应按照党中央、国务院关于厉行勤俭节约反对奢侈浪费的有关规定，严格控制工会经费开支范围和开支标准，经费使用要精打细算，少花钱多办事，节约开支，提高工会经费使用效益。

（6）民主管理原则。基层工会应依靠会员管好用好工会经费。年度工会经费收支情况应定期向会员大会或会员代表大会报告，建立经费收支信息公开制度，主动接受会员监督。同时，接受上级工会监督，依法接受国家审计监督。

52 对不拨缴工会经费的如何处理？

《工会法》第四十四条规定，企业、事业单位、社会组织无正当理由拖延或者拒不拨缴工会经费，基层工会或者上级工会可以向当地人民法院申请支付令；拒不执行支付令的，工会可以依法申请人民法院强制执行。

《最高人民法院关于在民事审判工作中适用〈中华人民共和国工会法〉若干问题的解释》规定，基层工会或者上级工会依照《工会法》规定向人民法院申请支付令的，由被申请人所在地的基层人民法院管辖。人民法院根据《工会法》规定受理工会提出的拨缴工会经费的支付令申请后，应当先行征询被申请人的意见。被申请人仅对应拨缴经费数额有异议的，人民法院应当就无异议部分的工会经费数额发出支付令。人民法院在审理涉及工会经费的案件中，需要按照《工会法》第四十三条第一款第（二）项规定的"全部职工""工资总额"确定拨缴数额的，"全部职工""工资总额"的计算，应当按照国家有关部门规定的标准执行。根据《工会法》第四十四条和民事诉讼法的有关规定，上级工会向人民法院申请支付令或者提起诉讼，要求企业、事业单位拨缴工会经费的，人民法院应当受理。基层工会要求参加诉讼的，人民法院可以准许其作为共同申请人或者共同原告参加诉讼。对于企业、事业单位无正当理由拖延或者拒不拨缴工会经费的，工会组织向人民法院请求保护其权利的诉讼时效期间，适用民法典第一百八十八条的规定。

53 工会经费管理的原则是什么？

《工会法》第四十五条第一款规定，"工会应当根据经费独立原则，建立预算、决算和经费审查监督制度"。

工会独立管理经费是历史形成的，是由工会组织的性质和工作特点决定的。在中华人民共和国成立前，工会筹集经费并独立进行管理是工人阶级开展斗争的需要，也是工会赖以生存的需要。中华人民共和国成立后，工人阶级和工会的地位都发生了根本变化，工会只有独立管理经费，才能真正做到独立负责地开展活动，才能用工会的经费，为职工办好事、办实事。工会经费独立原则，主要表现为工会经费使用与管理的具体办法由中华全国总工会制定，建立自己独立的预算、决算和经费审查监督制度。

工会经费预算是指经过一定程序审核批准的工会年度财务收支计划。通过经费预算，可以把资金的需要与可能结合起来，促使工会工作和事业活动有计划地进行。工会经费预算由三部分组成：基层工会经费预算，是工会经费预算的基本环节；本级工会经费预算，是指有经费留成的县（市）以上各级工会的预算；单位经费预算，是指有经费留成工会所属的事业单位的预算和县以上工会机关的经费预算。工会财务体制是"统一领导、分级管理"。

工会决算是工会预算执行的总结，反映年度工会预算收支的最终结果，也是工会活动在财务上的集中反映。通过编制工会决算，可以从财务上总结一年来工会组织各项活动的主要经验和问题，为工会决策提供可靠的资料和数据信息。因此，在年终认真及时编制决算，是整个工会工作不可缺少的一个重要环节。工会决算的组成与预算的组成相一致。工会决算的编制政策性强、涉及面广、复杂程度高，要做好一系列的准备工作。如进行年终清理，要检查收入，核实支出，以确保数字完整、准确。

工会经费审查制度是指对工会各项经费收支和财产管理进行审查监督工作的规范和准则。它是工会独立管理经费的需要，是工会经费管理的重要组成部分。工会经费审查工作的主要内容为审查工会经费的预算、决算编制是否合理，经费使用是否妥当，各项财务制度是否坚持，有没有违反财经纪律的情况，是否按规定报告工会经费收支情况等。

54 工会为什么必须设立工会经费审查委员会？

《工会法》第四十五条第二款、第三款规定："各级工会建立经费审查委员会。各级工会经费收支情况应当由同级工会经费审查委员会审查，并且定期向会员大会或者会员代表大会报告，接受监督。工会会员大会或者会员代表大会有权对经费使用情况提出意见。"

工会经费审查委员会是代表会员群众对工会各项经费的收支和财产管理进行审查监督的组织。该组织的权利与义务包括：

（1）经费审查委员会主任列席同级工会委员会常务委员会召开的有关会议，经费审查委员会委员列席同级工会委员会全体会议。

（2）经费审查委员会有权从被审查部门或单位调阅各种账册、单据、报表及有关文件资料。

（3）经费审查委员会对同级工会及其所属企业、事业单位违反财经法纪的有关责任人员，有权建议给予纪律处分。

（4）在进行经费审查中，遇有拒不接受审查或有意设置障碍,经对当事人进行批评教育,仍坚持不改,阻挠破坏,情节严重者,可以建议追究有关责任。

(5)对同级工会的预算、决算及时审查,对重大项目和案件的审查,每次审查完毕,须将审查结果和处理意见报同级工会委员会,由同级工会委员会作出处理决定。

(6)在履行职责和执行任务时,应主动与同级工会委员会联系,共同研究工作,各级工会组织对经费审查人员的工作,应提供方便,给予支持,务必使经费审查人员不受打击报复。

(7)经费审查人员要加强学习,按照国家的法律、法规、规章和工会财务制度进行工作,坚持原则,秉公办事,忠于职守、尽职尽责。

(8)与财务部门加强联系,密切协作。工会经费审查委员会必须定期向会员大会或者会员代表大会报告经费审查监督情况,并接受其监督。

55 社会各方面应当为工会提供哪些物质帮助?

《工会法》第四十六条规定,各级人民政府和用人单位应当为工会办公和开展活动,提供必要的设施和活动场所等物质条件。

工会一旦建立起来,建立工会的单位就应当依照法律规定，为工会提供必要的物质条件，以保证工会活动的开展。

首先是各级人民政府应当依照法律规定为各级总工会提供办公和开展活动等必要的设施和场所。其次是建立基层工会的企业、事业单位、机关、社会组织也应当依法为工会提供办公和开展活动必要的设施和场所。这是国家法律为工会正常履行职责设定的法律保障。

56 如何保护工会的财产以及所办的企业事业财产？

《工会法》第四十七条规定，"工会的财产、经费和国家拨给工会使用的不动产，任何组织和个人不得侵占、挪用和任意调拨"。

工会财产、经费和国家拨给工会使用的不动产，是工会开展活动和举办各种为职工服务事业的物质基础。保护工会财产不受侵害，是工会顺利开展活动的前提。

工会所属企业、事业单位是指工会用自己的经费或自筹资金兴办的及国家拨给工会使用的，为职工群众服务的工人文化宫、俱乐部，职工疗养院、休养所，报刊、杂志社、出版社，工会院校、文艺团体，体育场馆，宾馆、旅行社，种植、养殖、生产加工、商业服务等企业、事业单位。工会所属的企业、事业单位是为职工群众服务的，有利于调动职工群众的生产积极性和保持职工队伍的稳定，有利于增强工会的活力和对职工的吸引力、凝聚力，有利于减轻国家负担、增加社会财富、方便职工群众、缓解社会服务不足的矛盾。工会所属企业、事业单位的收入是为职工服务，为工会事业的发展服务的。

禁止任何行政机关非法占有、使用和处分工会所属企业、事业单位的财产，禁止随意改变工会对所属企业、事业单位的产权关系。一旦发生随意改变工会所属为职工服务的企业、事业单位隶属关系的情况，工会及其所属的企业、事业单位有权要求国家干预，制止侵权行为，维护自己的合法权益。国家保护工会及其所属企业、事业单位合法权益不受侵犯。

禁止任何组织和个人，包括工会组织内部的组织机构和个人任意调拨工会财产、经费和国家拨给工会使用的不动产。当工会财产所有权遭到侵害，无法行使占有、使用、收益、处分的权能时，有权请求国家予以保护，责令侵权人履行民事义务，承担民事责任。

57 对阻挠职工依法参加和组织工会或者阻挠上级工会帮助、指导职工筹建工会的，如何处理？

《工会法》第五十一条规定，"违反本法第三条、第十二条规定,阻挠职工依法参加和组织工会或者阻挠上级工会帮助、指导职工筹建工会的,由劳动行政部门责令其改正;拒不改正的,由劳动行政部门提请县级以上人民政府处理;以暴力、威胁等手段阻挠造成严重后果,构成犯罪的,依法追究刑事责任"。

各级人民政府及其有关行政部门应当充分认识到加快新建企业工会组建工作的重要性,重视和支持这项工作,统筹安排、制定规划、齐心协力,督促企业遵守《工会法》的规定,支持、配合工会组织,指导职工建立工会。对于干扰和阻挠组建工会的违法行为,必须依法予以纠正,维护法律的严肃性。

58 如何维护工会工作人员的工作权利和人身尊严?

随着经济社会不断发展,受国有企业产权转让、私营企业及个体经济组织大量涌现、外来劳动力交叉流转等诸多因素影响,劳动争议纠纷案件数量持续上升,并且呈现出多样性和复杂性。基层工会在协调劳动关系、维护职工合法权益的过程中发挥着积极的作用。然而基层工会干部维护职工合法权益,往往与企业行政方面发生矛盾,有些人还受到打击报复,比如以各种理由解除为职工维权的基层工会干部的劳动合同,或者将其调离原工作岗位，或者降低其工资待遇，还有的在工会干部劳动合同到期后以种种借口不续签合同。这些事件虽然不多，但影响极大，直接关系到工会干部的积极性和队伍的稳定。因此，在保障工会维护职工利益的同时，也迫切需要保护工会干部的合法权益。

因此，《工会法》第十八条规定："工会主席、副主席任期未满时，不得随意调动其工作。因工作需要调动时，应当征得本级工会委员会和上一级工会的同意。罢免工会主席、副主席必须召开会员大会或者会员代表大会讨论，非经会员大会全体会员或者会员代表大会全体代表过半数通过，不得罢免。"《工会法》第五十二条规定："违反本法规定，对依法履行职责的工会工作人员无正当理由调动工作岗位，进行打击报复的，由劳动行政部门责令改正、恢复原工作；造成损失的，给予赔偿。对依法履行职责的工会工作人员进行侮辱、诽谤或者进行人身伤害，构成犯罪的，依法追究刑事责任；尚未构成犯罪的，由公安机关依照治安管理处罚法的规定处罚。"

59 对职工因参加工会活动而被解除劳动合同或者工会工作人员因履行职责而被解除劳动合同的，如何处理？

《工会法》第五十三条规定，违反本法规定，有下列情形之一的，由劳动行政部门责令恢复其工作，并补发被解除劳动合同期间应得的报酬，或者责令给予本人年收入二倍的赔偿：（一）职工因参加工会活动而被解除劳动合同的；（二）工会工作人员因履行本法规定的职责而被解除劳动合同的。

《最高人民法院关于在民事审判工作中适用〈中华人民共和国工会法〉若干问题的解释》第六条规定，根据《工会法》第五十二条规定，人民法院审理涉及职工和工会工作人员因参加工会活动或者履行《工会法》规定的职责而被解除劳动合同的劳动争议案件，可以根据当事人的请求裁判用人单位恢复其工作，并补发被解除劳动合同期间应得的报酬；或者根据当事人的请求裁判用人单位给予本人年收入二倍的赔偿，并根据劳动合同法第四十六条、第四十七条规定给予解除劳动合同时的经济补偿。

根据上述规定，对于职工因参加工会活动或者工会工作人员因履行职责而被解除劳动合同的，人力资源和社会保障部门应当根据具体情况，责令恢复其工作，并补发被解除劳动合同期间应得的报酬，或者责令用人单位给予其本人年收入二倍的赔偿。必要时，工会可以为上述职工和工会工作人员提供必要的法律援助服务，帮助他们维权。

60　工会工作人员损害职工或者工会权益的，如何处理？

《工会法》第五十六条规定，"工会工作人员违反本法规定，损害职工或者工会权益的，由同级工会或者上级工会责令改正，或者予以处分；情节严重的，依照《中国工会章程》予以罢免；造成损失的，应当承担赔偿责任；构成犯罪的，依法追究刑事责任"。

工会工作人员应当依照《工会法》的规定，履行好工会干部应尽的职责。特别是具备国家干部身份的县级以上总工会的工作人员，更应当恪尽职守，做好工作，绝不能不负责任或是放弃职守；更不能被企业收买，坑害职工群众，侵害职工的权益。工会工作人员其他的违法行为，如与其担任工作职务有关的违法行为，包括侵吞、挪用工会经费和财产、收受贿赂，利用职务之便为他人谋取不正当利益等，也要依法承担相应的法律责任。

对于工会工作人员的违法行为，《工会法》规定了行政、民事和刑事三种法律责任。一是行政责任。对工会工作人员违法情节严重的，除了由同级工会或者上级工会责令改正，或者予以处分外，还可以依照《中国工会章程》予以罢免。二是民事责任。工会工作人员违反《工会法》规定，侵害职工或者工会权益，造成损失的，应当承担赔偿责任。这里规定的是一种侵权的损害赔偿责任。三是刑事责任。工会工作人员违反《工会法》的规定，不履行职责或者因贪污、挪用工会经费，以及收受贿赂等与其担任工作职务有关的其他违法行为，侵害职工或者工会权益，构成犯罪的，要依法追究其刑事责任。

61 新就业形态劳动者的诉求如何实现？

新就业形态劳动者收到不合理投诉后，面对平台"不由分说"的处罚，很难申诉成功。实现新就业形态劳动者的诉求，可通过集体协商的制度。《工会法》第六条第一款、第二款规定："维护职工合法权益、竭诚服务职工群众是工会的基本职责。工会在维护全国人民总体利益的同时，代表和维护职工的合法权益。工会通过平等协商和集体合同制度，推动健全劳动关系协调机制，维护职工劳动权益，构建和谐劳动关系。"为新就业形态劳动者畅通诉求表达渠道，工会可代表新就业形态从业者来和资方谈报酬、劳动保护等，以改善新就业形态劳动者的工作条件，维护其劳动权益。集体协商分为三种情况，一种是本公司的工会代表员工和公司进行集体协商；另外两种分别是行业性的集体协商和区域性的集体协商。集体协商完毕后，可订立集体合同。新就业形态劳动者可以通过集体协商与平台签订集体合同,确保平台制定规则的公平性。

62 新就业形态劳动者可以加入工会吗?

《工会法》第三条规定:"在中国境内的企业、事业单位、机关、社会组织(以下统称用人单位)中以工资收入为主要生活来源的劳动者,不分民族、种族、性别、职业、宗教信仰、教育程度,都有依法参加和组织工会的权利。任何组织和个人不得阻挠和限制工会适应企业组织形式、职工队伍结构、劳动关系、就业形态等方面的发展变化,依法维护劳动者参加和组织工会的权利。"中华全国总工会在全国范围启动"新就业形态劳动者入会集中行动",此次集中行动从2021年7月持续至2022年12月,要求充分运用项目制等方式,打造一批建会入会工作创新项目和普惠、精准服务项目;积极推进"司机之家"建设和"会、站、家"一体化、标准化建设,建立服务和凝聚新就业形态劳动者的阵地;探索多元化投入机制,解决新就业形态劳动者入会工作经费保障等问题,扎实推动集中行动取得实效。因此,新就业形态劳动者可以加入工会组织,保障自身劳动权益。

附　录

中国工会章程

（中国工会第十七次全国代表大会部分修改，2018年10月26日通过）

总　则

中国工会是中国共产党领导的职工自愿结合的工人阶级群众组织，是党联系职工群众的桥梁和纽带，是国家政权的重要社会支柱，是会员和职工利益的代表。

中国工会以宪法为根本活动准则，按照《中华人民共和国工会法》和本章程独立自主地开展工作，依法行使权利和履行义务。

工人阶级是我国的领导阶级，是先进生产力和生产关系的代表，是中国共产党最坚实最可靠的阶级基础，是改革开放和社会主义现代化建设的主力军，是维护社会安定的强大而集中的社会力量。中国工会高举中国特色社会主义伟大旗帜，以马克思列宁主义、毛泽东思想、邓小平理论、"三个代表"重要思想、科学发展观、习近平新时代中国特色社会主义思想为指导，贯彻执行党的以经济建设为中心，坚持四项基本原则，坚持改革开放的基本路线，保持和增强政治性、先进性、群众性，坚定不移地走中国特色社会主义工会发展道路，推动党的全心全意依靠工人阶级的根本指导方针的贯彻落实，全面履行工会的社会职能，在维护全国人民总体利益的同时，更好地表达和维护职工的具体利益，团结和动员全国职工自力更生、艰苦创业，坚持和发展中国特色社会主义，为全面建成小康社会、把我国建设成为富强民主文明和谐美丽的社会主义现代化强国、实现中华民族伟大复兴的中国梦而奋斗。

中国工会坚持自觉接受中国共产党的领导，承担团结引导职工群众听党话、跟党走的政治责任，巩固和扩大党执政的阶级基础和群众基础。

中国工会的基本职责是维护职工合法权益、竭诚服务职工群众。

中国工会按照中国特色社会主义事业"五位一体"总体布局和"四个全面"战略布局，贯彻创新、协调、绿色、开放、共享的发展理念，把握为实现中华民族伟大复兴的中国梦而奋斗的工人运动时代主题，弘扬劳模精神、劳动精神、工匠精神，动员和组织职工积极参加建设和改革，努力促进经济、政治、文化、社会和生态文明建设；代表和组织职工参与国家和社会事务管理，参与企业、事业单位和机关的民主管理；教育职工践行社会主义核心价值观，不断提高思想道德素质、科学文化素质和技术技能素质，推进产业工人队伍建设改革，建设有理想、有道德、有文化、有纪律的职工队伍，不断发展工人阶级先进性。

中国工会以忠诚党的事业、竭诚服务职工为己任，坚持组织起来、切实维权的工作方针，坚持以职工为本、主动依法科学维权的维权观,促进完善社会主义劳动法律,维护职工的经济、政治、文化和社会权利,参与协调劳动关系和社会利益关系,推动构建和谐劳动关系,促进经济高质量发展和社会的长期稳定,维护工人阶级和工会组织的团结统一,为构建社会主义和谐社会作贡献。

中国工会维护工人阶级领导的、以工农联盟为基础的人民民主专政的社会主义国家政权,协助人民政府开展工作,依法发挥民主参与和社会监督作用。

中国工会在企业、事业单位中,按照促进企事业发展、维护职工权益的原则,支持行政依法行使管理权力,组织职工参加民主管理和民主监督,与行政方面建立协商制度,保障职工的合法权益,调动职工的积极性,促进企业、事业的发展。

中国工会实行产业和地方相结合的组织领导原则,坚持民主集中制。

中国工会坚持以改革创新精神加强自身建设,构建联系广泛、服务职工的工作体系,增强团结教育、维护权益、服务职工的功能,坚持群众化、民主化,保持同会员群众的密切联系,依靠会员群众开展工会工作。各级工会领导机关坚持把工作重点放到基层,着力扩大覆盖面、增强代表性,着力强化服务意识、提高维权能力,着力加强队伍建设、提升保障水平,坚持服务职工群众的工作生命线,全心全意为基层、为职工服务,构建智慧工会,增强基层工会的吸引力凝聚力战斗力,把工会组织建设得更加充满活力、更加坚强有力,成为深受职工群众信赖的学习型、服务型、创新型"职工之家"。

工会兴办的企业、事业，坚持公益性、服务性，坚持为改革开放和发展社会生产力服务，为职工群众服务，为推进工运事业服务。

中国工会努力巩固和发展工农联盟，坚持最广泛的爱国统一战线，加强包括香港特别行政区同胞、澳门特别行政区同胞、台湾同胞和海外侨胞在内的全国各族人民的大团结，促进祖国的统一、繁荣和富强。

中国工会在国际事务中坚持独立自主、互相尊重、求同存异、加强合作、增进友谊的方针，在独立、平等、互相尊重、互不干涉内部事务的原则基础上，广泛建立和发展同国际和各国工会组织的友好关系，积极参与"一带一路"建设，增进我国工人阶级同各国工人阶级的友谊，同全世界工人和工会一起，在推动构建人类命运共同体中发挥作用，为世界的和平、发展、合作、工人权益和社会进步而共同努力。

中国工会落实新时代党的建设总要求，以党的政治建设为统领，全面加强党的建设，增强政治意识、大局意识、核心意识、看齐意识，坚定道路自信、理论自信、制度自信、文化自信，坚决维护习近平总书记党中央的核心、全党的核心地位，坚决维护党中央权威和集中统一领导，在思想上政治上行动上同以习近平同志为核心的党中央保持高度一致。

第一章　会　　员

第一条　凡在中国境内的企业、事业单位、机关和其他社会组织中，以工资收入为主要生活来源或者与用人单位建立劳动关系的体力劳动者和脑力劳动者，不分民族、种族、性别、职业、宗教信仰、教育程度，承认工会章程，都可以加入工会为会员。

第二条 职工加入工会，由本人自愿申请，经工会基层委员会批准并发给会员证。

第三条 会员享有以下权利：

（一）选举权、被选举权和表决权。

（二）对工会工作进行监督，提出意见和建议，要求撤换或者罢免不称职的工会工作人员。

（三）对国家和社会生活问题及本单位工作提出批评与建议，要求工会组织向有关方面如实反映。

（四）在合法权益受到侵犯时，要求工会给予保护。

（五）工会提供的文化、教育、体育、旅游、疗休养、互助保障、生活救助、法律服务、就业服务等优惠待遇；工会给予的各种奖励。

（六）在工会会议和工会媒体上，参加关于工会工作和职工关心问题的讨论。

第四条 会员履行下列义务：

（一）认真学习贯彻习近平新时代中国特色社会主义思想，学习政治、经济、文化、法律、科学、技术和工会基本知识等。

（二）积极参加民主管理，努力完成生产和工作任务，立足本职岗位建功立业。

（三）遵守宪法和法律，践行社会主义核心价值观，弘扬中华民族传统美德，恪守社会公德、职业道德、家庭美德、个人品德，遵守劳动纪律。

（四）正确处理国家、集体、个人三者利益关系，向危害国家、社会利益的行为作斗争。

（五）维护中国工人阶级和工会组织的团结统一，发扬阶级友爱，搞好互助互济。

（六）遵守工会章程，执行工会决议，参加工会活动，按月交纳会费。

第五条 会员组织关系随劳动（工作）关系变动，凭会员证明接转。

第六条 会员有退会自由。会员退会由本人向工会小组提出，由工会基层委员会宣布其退会并收回会员证。

会员没有正当理由连续六个月不交纳会费、不参加工会组织生活，经教育拒不改正，应当视为自动退会。

第七条 对不执行工会决议、违反工会章程的会员，给予批评教育。对严重违法犯罪并受到刑事处分的会员，开除会籍。开除会员会籍，须经工会小组讨论，提出意见，由工会基层委员会决定，报上一级工会备案。

第八条 会员离休、退休和失业，可保留会籍。保留会籍期间免交会费。

工会组织要关心离休、退休和失业会员的生活，积极向有关方面反映他们的愿望和要求。

第二章　组 织 制 度

第九条　中国工会实行民主集中制,主要内容是:

(一)个人服从组织,少数服从多数,下级组织服从上级组织。

(二)工会的各级领导机关,除它们派出的代表机关外,都由民主选举产生。

(三)工会的最高领导机关,是工会的全国代表大会和它所产生的中华全国总工会执行委员会。工会的地方各级领导机关,是工会的地方各级代表大会和它所产生的总工会委员会。

(四)工会各级委员会,向同级会员大会或者会员代表大会负责并报告工作,接受会员监督。会员大会和会员代表大会有权撤换或者罢免其所选举的代表和工会委员会组成人员。

(五)工会各级委员会,实行集体领导和分工负责相结合的制度。凡属重大问题由委员会民主讨论,作出决定,委员会成员根据集体的决定和分工,履行自己的职责。

(六)工会各级领导机关,加强对下级组织的领导和服务,经常向下级组织通报情况,听取下级组织和会员的意见,研究和解决他们提出的问题。下级组织应及时向上级组织请示报告工作。

第十条　工会各级代表大会的代表和委员会的产生,要充分体现选举人的意志。候选人名单,要反复酝酿,充分讨论。选举采用无记名投票方式,可以直接采用候选人数多于应选人数的差额选举办法进行正式选举,也可以先采用差额选举办法进行预选,产生候选人名单,然后进行正式选举。任何组织和个人,不得以任何方式强迫选举人选举或不选举某个人。

第十一条 中国工会实行产业和地方相结合的组织领导原则。同一企业、事业单位、机关和其他社会组织中的会员，组织在一个工会基层组织中；同一行业或者性质相近的几个行业，根据需要建立全国的或者地方的产业工会组织。除少数行政管理体制实行垂直管理的产业，其产业工会实行产业工会和地方工会双重领导，以产业工会领导为主外，其他产业工会均实行以地方工会领导为主，同时接受上级产业工会领导的体制。各产业工会的领导体制，由中华全国总工会确定。

省、自治区、直辖市，设区的市和自治州，县（旗）、自治县、不设区的市建立地方总工会。地方总工会是当地地方工会组织和产业工会地方组织的领导机关。全国建立统一的中华全国总工会。中华全国总工会是各级地方总工会和各产业工会全国组织的领导机关。

中华全国总工会执行委员会委员和产业工会全国委员会委员实行替补制，各级地方总工会委员会委员和地方产业工会委员会委员，也可以实行替补制。

第十二条 县和县以上各级地方总工会委员会，根据工作需要可以派出代表机关。

县和县以上各级工会委员会，在两次代表大会之间，认为有必要时，可以召集代表会议，讨论和决定需要及时解决的重大问题。代表会议代表的名额和产生办法，由召集代表会议的总工会决定。

全国产业工会、各级地方产业工会、乡镇工会和城市街道工会的委员会，可以按照联合制、代表制原则，由下一级工会组织民主选举的主要负责人和适当比例的有关方面代表组成。

上级工会可以派员帮助和指导用人单位的职工组建工会。

第十三条 各级工会代表大会选举产生同级经费审查委员会。中华全国总工会经费审查委员会设常务委员会，省、自治区、直辖市总工会经费审查委员会和独立管理经费的全国产业工会经费审查委员会，应当设常务委员会。经费审查委员会负责审查同级工会组织及其直属企业、事业单位的经费收支和资产管理情况，监督财经法纪的贯彻执行和工会经费的使用，并接受上级工会经费审查委员会的指导和监督。工会经费审查委员会向同级会员大会或会员代表大会负责并报告工作；在大会闭会期间，向同级工会委员会负责并报告工作。

上级经费审查委员会应当对下一级工会及其直属企业、事业单位的经费收支和资产管理情况进行审查。

中华全国总工会经费审查委员会委员实行替补制，各级地方总工会经费审查委员会委员和独立管理经费的产业工会经费审查委员会委员，也可以实行替补制。

第十四条 各级工会建立女职工委员会，表达和维护女职工的合法权益。女职工委员会由同级工会委员会提名，在充分协商的基础上组成或者选举产生，女职工委员会与工会委员会同时建立，在同级工会委员会领导下开展工作。企业工会女职工委员会是县或者县以上妇联的团体会员，通过县以上地方工会接受妇联的业务指导。

第十五条 县和县以上各级工会组织应当建立法律服务机构，为保护职工和工会组织的合法权益提供服务。

各级工会组织应当组织和代表职工开展劳动法律监督。

第十六条 成立或者撤销工会组织，必须经会员大会或者会员代表大会通过，并报上一级工会批准。工会基层组织所在的企业终止，或者所在的事业单位、机关和其他社会组织被撤销，该工会组织相应撤销，并报上级工会备案。其他组织和个人不得随意撤销工会组织，也不得把工会组织的机构撤销、合并或者归属其他工作部门。

第三章 全 国 组 织

第十七条 中国工会全国代表大会，每五年举行一次，由中华全国总工会执行委员会召集。在特殊情况下，由中华全国总工会执行委员会主席团提议，经执行委员会全体会议通过，可以提前或者延期举行。代表名额和代表选举办法由中华全国总工会决定。

第十八条 中国工会全国代表大会的职权是：

（一）审议和批准中华全国总工会执行委员会的工作报告。

（二）审议和批准中华全国总工会执行委员会的经费收支情况报告和经费审查委员会的工作报告。

（三）修改中国工会章程。

（四）选举中华全国总工会执行委员会和经费审查委员会。

第十九条 中华全国总工会执行委员会，在全国代表大会闭会期间，负责贯彻执行全国代表大会的决议，领导全国工会工作。

执行委员会全体会议选举主席一人、副主席若干人、主席团委员若干人，组成主席团。

执行委员会全体会议由主席团召集，每年至少举行一次。

第二十条 中华全国总工会执行委员会全体会议闭会期间，由主席团行使执行委员会的职权。主席团全体会议，由主席召集。

主席团闭会期间，由主席、副主席组成的主席会议行使主席团职权。主席会议由中华全国总工会主席召集并主持。

主席团下设书记处，由主席团在主席团成员中推选第一书记一人，书记若干人组成。书记处在主席团领导下，主持中华全国总工会的日常工作。

第二十一条 产业工会全国组织的设置，由中华全国总工会根据需要确定。

产业工会全国委员会的建立，经中华全国总工会批准，可以按照联合制、代表制原则组成，也可以由产业工会全国代表大会选举产生。全国委员会每届任期五年。任期届满，应当如期召开会议，进行换届选举。在特殊情况下，经中华全国总工会批准，可以提前或者延期举行。

产业工会全国代表大会和按照联合制、代表制原则组成的产业工会全国委员会全体会议的职权是：审议和批准产业工会全国委员会的工作报告；选举产业工会全国委员会或者产业工会全国委员会常务委员会。独立管理经费的产业工会，选举经费审查委员会，并向产业工会全国代表大会或者委员会全体会议报告工作。产业工会全国委员会常务委员会由主席一人、副主席若干人、常务委员若干人组成。

第四章　地　方　组　织

第二十二条　省、自治区、直辖市，设区的市和自治州，县（旗）、自治县、不设区的市的工会代表大会，由同级总工会委员会召集，每五年举行一次。在特殊情况下，由同级总工会委员会提议，经上一级工会批准，可以提前或者延期举行。工会的地方各级代表大会的职权是：

（一）审议和批准同级总工会委员会的工作报告。

（二）审议和批准同级总工会委员会的经费收支情况报告和经费审查委员会的工作报告。

（三）选举同级总工会委员会和经费审查委员会。

各级地方总工会委员会，在代表大会闭会期间，执行上级工会的决定和同级工会代表大会的决议，领导本地区的工会工作，定期向上级总工会委员会报告工作。

根据工作需要，省、自治区总工会可在地区设派出代表机关。直辖市和设区的市总工会在区一级建立总工会。

县和城市的区可在乡镇和街道建立乡镇工会和街道工会组织，具备条件的，建立总工会。

第二十三条　各级地方总工会委员会选举主席一人、副主席若干人、常务委员若干人，组成常务委员会。工会委员会、常务委员会和主席、副主席以及经费审查委员会的选举结果，报上一级总工会批准。

各级地方总工会委员会全体会议,每年至少举行一次,由常务委员会召集。各级地方总工会常务委员会,在委员会全体会议闭会期间,行使委员会的职权。

第二十四条 各级地方产业工会组织的设置,由同级地方总工会根据本地区的实际情况确定。

第五章 基 层 组 织

第二十五条 企业、事业单位、机关和其他社会组织等基层单位,应当依法建立工会组织。社区和行政村可以建立工会组织。从实际出发,建立区域性、行业性工会联合会,推进新经济组织、新社会组织工会组织建设。

有会员二十五人以上的,应当成立工会基层委员会;不足二十五人的,可以单独建立工会基层委员会,也可以由两个以上单位的会员联合建立工会基层委员会,也可以选举组织员或者工会主席一人,主持基层工会工作。工会基层委员会有女会员十人以上的建立女职工委员会,不足十人的设女职工委员。

职工二百人以上企业、事业单位的工会设专职工会主席。工会专职工作人员的人数由工会与企业、事业单位协商确定。

基层工会具备法人条件,依法取得社团法人资格,工会主席为法定代表人。

第二十六条 工会基层组织的会员大会或者会员代表大会,每年至少召开一次。经基层工会委员会或者三分之一以上的工会会员提议,可以临时召开会员大会或者会员代表大会。工会会员在一百人以下的基层工会应当召开会员大会。

工会会员大会或者会员代表大会的职权是：

（一）审议和批准工会基层委员会的工作报告。

（二）审议和批准工会基层委员会的经费收支情况报告和经费审查委员会的工作报告。

（三）选举工会基层委员会和经费审查委员会。

（四）撤换或者罢免其所选举的代表或者工会委员会组成人员。

（五）讨论决定工会工作的重大问题。

工会基层委员会和经费审查委员会每届任期三年至五年，具体任期由会员大会或者会员代表大会决定。任期届满，应当如期召开会议，进行换届选举。在特殊情况下，经上一级工会批准，可以提前或者延期举行。

会员代表大会的代表实行常任制，任期与本单位工会委员会相同。

第二十七条 工会基层委员会的委员，应当在会员或者会员代表充分酝酿协商的基础上选举产生；主席、副主席，可以由会员大会或者会员代表大会直接选举产生，也可以由工会基层委员会选举产生。大型企业、事业单位的工会委员会，根据工作需要，经上级工会委员会批准，可以设立常务委员会。工会基层委员会、常务委员会和主席、副主席以及经费审查委员会的选举结果，报上一级工会批准。

第二十八条 工会基层委员会的基本任务是：

（一）执行会员大会或者会员代表大会的决议和上级工会的决

定，主持基层工会的日常工作。

（二）代表和组织职工依照法律规定，通过职工代表大会、厂务公开和其他形式，参加本单位民主管理和民主监督，在公司制企业落实职工董事、职工监事制度。企业、事业单位工会委员会是职工代表大会工作机构，负责职工代表大会的日常工作，检查、督促职工代表大会决议的执行。

（三）参与协调劳动关系和调解劳动争议，与企业、事业单位行政方面建立协商制度，协商解决涉及职工切身利益问题。帮助和指导职工与企业、事业单位行政方面签订和履行劳动合同，代表职工与企业、事业单位行政方面签订集体合同或者其他专项协议，并监督执行。

（四）组织职工开展劳动和技能竞赛、合理化建议、技能培训、技术革新和技术协作等活动，培育工匠人才，总结推广先进经验。做好劳动模范和先进生产（工作）者的评选、表彰、培养和管理服务工作。

（五）加强对职工的政治引领和思想教育，开展法治宣传教育，重视人文关怀和心理疏导，鼓励支持职工学习文化科学技术和管理知识，开展健康的文化体育活动。推进企业文化职工文化建设，办好工会文化、教育、体育事业。

（六）监督有关法律、法规的贯彻执行。协助和督促行政方面做好工资、安全生产、职业病防治和社会保险等方面的工作，推动落实职工福利待遇。办好职工集体福利事业，改善职工生活，对困难职工开展帮扶。依法参与生产安全事故和职业病危害事故的调查处理。

（七）维护女职工的特殊利益，同歧视、虐待、摧残、迫害女职工的现象作斗争。

（八）搞好工会组织建设，健全民主制度和民主生活。建立和发展工会积极分子队伍。做好会员的发展、接收、教育和会籍管理工作。加强职工之家建设。

（九）收好、管好、用好工会经费，管理好工会资产和工会的企业、事业。

第二十九条 教育、科研、文化、卫生、体育等事业单位和机关工会，从脑力劳动者比较集中的特点出发开展工作，积极了解和关心职工的思想、工作和生活，推动党的知识分子政策的贯彻落实。组织职工搞好本单位的民主管理和民主监督，为发挥职工的聪明才智，创造良好的条件。

第三十条 工会基层委员会根据工作需要，可以在分厂、车间（科室）建立分厂、车间（科室）工会委员会。分厂、车间（科室）工会委员会由分厂、车间（科室）会员大会或者会员代表大会选举产生，任期和工会基层委员会相同。

工会基层委员会和分厂、车间（科室）委员会，可以根据需要设若干专门委员会或者专门小组。

按照生产（行政）班组建立工会小组，民主选举工会小组长，积极开展工会小组活动。

第六章　工　会　干　部

第三十一条　各级工会组织按照革命化、年轻化、知识化、专业化的要求，努力建设一支坚持党的基本路线，熟悉本职业务，热爱工会工作，受到职工信赖的干部队伍。

第三十二条　工会干部要努力做到：

（一）认真学习马克思列宁主义、毛泽东思想、邓小平理论、"三个代表"重要思想、科学发展观、习近平新时代中国特色社会主义思想，学习政治、经济、历史、文化、科技、法律和工会业务等知识，提高政治能力，增强群众工作本领。

（二）执行党的基本路线和各项方针政策，遵守国家法律、法规，在改革开放和社会主义现代化建设中勇于开拓创新。

（三）信念坚定，忠于职守，勤奋工作，敢于担当，廉洁奉公，顾全大局，维护团结。

（四）坚持实事求是，认真调查研究，如实反映职工的意见、愿望和要求。

（五）坚持原则，不谋私利，热心为职工说话办事，依法维护职工的合法权益。

（六）作风民主，联系群众，增强群众意识和群众感情，自觉接受职工群众的批评和监督。

第三十三条　各级工会组织根据有关规定管理工会干部，重视发现培养和选拔优秀年轻干部、女干部、少数民族干部，成为培养干部的重要基地。

基层工会主席、副主席任期未满不得随意调动其工作。因工作需要调动时，应事先征得本级工会委员会和上一级工会同意。

第三十四条 各级工会组织建立与健全干部培训制度。办好工会干部院校和各种培训班。

第三十五条 各级工会组织关心工会干部的思想、学习和生活，督促落实相应的待遇，支持他们的工作，坚决同打击报复工会干部的行为作斗争。

县和县以上工会设立工会干部权益保障金，保障工会干部依法履行职责。

县和县以上工会可以为基层工会选派、聘用工作人员。

第七章　工会经费和资产

第三十六条 工会经费的来源：

（一）会员交纳的会费。

（二）企业、事业单位、机关和其他社会组织按全部职工工资总额的百分之二向工会拨缴的经费或者建会筹备金。

（三）工会所属的企业、事业单位上缴的收入。

（四）人民政府和企业、事业单位、机关和其他社会组织的补助。

（五）其他收入。

第三十七条 工会经费主要用于为职工服务和开展工会活动。各级工会组织应坚持正确使用方向，加强预算管理，优化支出结构，开展监督检查。

第三十八条 县和县以上各级工会应当与税务、财政等有关部门合作，依照规定做好工会经费收缴和应当由财政负担的工会经费拨缴工作。

未成立工会的企业、事业单位、机关和其他社会组织，按工资总额的百分之二向上级工会拨缴工会建会筹备金。

具备社团法人资格的工会应当依法设立独立经费账户。

第三十九条 工会资产是社会团体资产，中华全国总工会对各级工会的资产拥有终极所有权。各级工会依法依规加强对工会资产的监督、管理，保护工会资产不受损害，促进工会资产保值增值。根据经费独立原则，建立预算、决算、资产监管和经费审查监督制度。实行"统一领导、分级管理"的财务体制、"统一所有、分级监管、单位使用"的资产监管体制和"统一领导、分级管理、分级负责、下审一级"的经费审查监督体制。工会经费、资产的管理和使用办法以及工会经费审查监督制度，由中华全国总工会制定。

第四十条 各级工会委员会按照规定编制和审批预算、决算，定期向会员大会或者会员代表大会和上一级工会委员会报告经费收支和资产管理情况，接受上级和同级工会经费审查委员会审查监督。

第四十一条 工会经费、资产和国家及企业、事业单位等拨给工会的不动产和拨付资金形成的资产受法律保护，任何单位和个人不得侵占、挪用和任意调拨；不经批准，不得改变工会所属企业、事业单位的隶属关系和产权关系。

工会组织合并，其经费资产归合并后的工会所有；工会组织撤销或者解散，其经费资产由上级工会处置。

第八章 会 徽

第四十二条 中国工会会徽，选用汉字"中"、"工"两字，经艺术造型呈圆形重叠组成，并在两字外加一圆线，象征中国工会和中国工人阶级的团结统一。会徽的制作标准，由中华全国总工会规定。

第四十三条 中国工会会徽，可在工会办公地点、活动场所、会议会场悬挂，可作为纪念品、办公用品上的工会标志，也可以作为徽章佩戴。

第九章 附 则

第四十四条 本章程解释权属于中华全国总工会。

基层工会经费收支管理办法

（总工办发〔2017〕32号 2017年12月15日）

第一章 总 则

第一条 为加强基层工会收支管理，规范基层工会经费使用，根据《中华人民共和国工会法》和《中国工会章程》《工会会计制度》《工会预算管理办法》的有关规定，结合中华全国总工会（以下简称"全国总工会"）贯彻落实中央有关规定的相关要求，制定本办法。

第二条 本办法适用于企业、事业单位、机关和其他经济社会组织单独或联合建立的基层工会委员会。

第三条 基层工会经费收支管理应遵循以下原则：

（一）遵纪守法原则。基层工会应依据《中华人民共和国工会法》的有关规定，依法组织各项收入，严格遵守国家法律法规，严格执行全国总工会有关制度规定，严肃财经纪律，严格工会经费使用，加强工会经费收支管理。

（二）经费独立原则。基层工会应依据全国总工会关于工会法人登记管理的有关规定取得工会法人资格，依法享有民事权利、承担民事义务，并根据财政部、中国人民银行的有关规定，设立工会经费银行账户，实行工会经费独立核算。

（三）预算管理原则。基层工会应按照《工会预算管理办法》的要求，将单位各项收支全部纳入预算管理。基层工会经费年度收支预算（含调整预算）需经同级工会委员会和工会经费审查委员会审查同意，并报上级主管工会批准。

（四）服务职工原则。基层工会应坚持工会经费正确的使用方向，优化工会经费支出结构，严格控制一般性支出，将更多的工会经费用于为职工服务和开展工会活动，维护职工的合法权益，增强工会组织服务职工的能力。

（五）勤俭节约原则。基层工会应按照党中央、国务院关于厉行勤俭节约反对奢侈浪费的有关规定，严格控制工会经费开支范围和开支标准，经费使用要精打细算，少花钱多办事，节约开支，提高工会经费使用效益。

（六）民主管理原则。基层工会应依靠会员管好用好工会经费。年度工会经费收支情况应定期向会员大会或会员代表大会报告，建立经费收支信息公开制度，主动接受会员监督。同时，接受上级工会监督，依法接受国家审计监督。

第二章　工会经费收入

第四条　基层工会经费收入范围包括：

（一）会费收入。会费收入是指工会会员依照全国总工会规定按本人工资收入的5‰向所在基层工会缴纳的会费。

（二）拨缴经费收入。拨缴经费收入是指建立工会组织的单位按全部职工工资总额2%依法向工会拨缴的经费中的留成部分。

（三）上级工会补助收入。上级工会补助收入是指基层工会收到的上级工会拨付的各类补助款项。

（四）行政补助收入。行政补助收入是指基层工会所在单位依法对工会组织给予的各项经费补助。

（五）事业收入。事业收入是指基层工会独立核算的所属事业单位上缴的收入和非独立核算的附属事业单位的各项事业收入。

（六）投资收益。投资收益是指基层工会依据相关规定对外投资取得的收益。

（七）其他收入。其他收入是指基层工会取得的资产盘盈、固定资产处置净收入、接受捐赠收入和利息收入等。

第五条 基层工会应加强对各项经费收入的管理。要按照会员工资收入和规定的比例，按时收取全部会员应交的会费。要严格按照国家统计局公布的职工工资总额口径和所在省级工会规定的分成比例，及时足额拨缴工会经费；实行财政划拨或委托税务代收部分工会经费的基层工会，应加强与本单位党政部门的沟通，依法足额落实基层工会按照省级工会确定的留成比例应当留成的经费。要统筹安排行政补助收入，按照预算确定的用途开支，不得将与工会无关的经费以行政补助名义纳入账户管理。

第三章　工会经费支出

第六条 基层工会经费主要用于为职工服务和开展工会活动。

第七条 基层工会经费支出范围包括：职工活动支出、维权支出、业务支出、资本性支出、事业支出和其他支出。

第八条 职工活动支出是指基层工会组织开展职工教育、文体、宣传等活动所发生的支出和工会组织的职工集体福利支出。包括：

（一）职工教育支出。用于基层工会举办政治、法律、科技、业务等专题培训和职工技能培训所需的教材资料、教学用品、场地租金等方面的支出，用于支付职工教育活动聘请授课人员的酬金，用于基层工会组织的职工素质提升补助和职工教育培训优秀学员的奖励。

对优秀学员的奖励应以精神鼓励为主、物质激励为辅。授课人员酬金标准参照国家有关规定执行。

（二）文体活动支出。用于基层工会开展或参加上级工会组织的职工业余文体活动所需器材、服装、用品等购置、租赁与维修方面的支出以及活动场地、交通工具的租金支出等，用于文体活动优胜者的奖励支出，用于文体活动中必要的伙食补助费。

文体活动奖励应以精神鼓励为主、物质激励为辅。奖励范围不得超过参与人数的三分之二；不设置奖项的，可为参加人员发放少量纪念品。

文体活动中开支的伙食补助费，不得超过当地差旅费中的伙食补助标准。

基层工会可以用会员会费组织会员观看电影、文艺演出和体育比赛等，开展春游秋游，为会员购买当地公园年票。会费不足部分可以用工会经费弥补，弥补部分不超过基层工会当年会费收入的三倍。

基层工会组织会员春游秋游应当日往返，不得到有关部门明令禁止的风景名胜区开展春游秋游活动。

（三）宣传活动支出。用于基层工会开展重点工作、重大主题和重大节日宣传活动所需的材料消耗、场地租金、购买服务等方面的支出，用于培育和践行社会主义核心价值观，弘扬劳模精神和工匠精神等经常性宣传活动方面的支出，用于基层工会开展或参加上级工会举办的知识竞赛、宣讲、演讲比赛、展览等宣传活动支出。

（四）职工集体福利支出。用于基层工会逢年过节和会员生日、婚丧嫁娶、退休离岗的慰问支出等。

基层工会逢年过节可以向全体会员发放节日慰问品。逢年过节的年节是指国家规定的法定节日（即：新年、春节、清明节、劳动节、端午节、中秋节和国庆节）和经自治区以上人民政府批准设立的少数民族节日。节日慰问品原则上为符合中国传统节日习惯的用品和职工群众必需的生活用品等，基层工会可结合实际采取便捷灵活的发放方式。

工会会员生日慰问可以发放生日蛋糕等实物慰问品，也可以发放指定蛋糕店的蛋糕券。

工会会员结婚生育时，可以给予一定金额的慰问品。工会会员生病住院、工会会员或其直系亲属去世时，可以给予一定金额的慰问金。

工会会员退休离岗，可以发放一定金额的纪念品。

（五）其他活动支出。用于工会组织开展的劳动模范和先进职工疗休养补贴等其他活动支出。

第九条 维权支出是指基层工会用于维护职工权益的支出。包括：劳动关系协调费、劳动保护费、法律援助费、困难职工帮扶费、送温暖费和其他维权支出。

（一）劳动关系协调费。用于推进创建劳动关系和谐企业活动、加强劳动争议调解和队伍建设、开展劳动合同咨询活动、集体合同示范文本印制与推广等方面的支出。

（二）劳动保护费。用于基层工会开展群众性安全生产和职业病防治活动、加强群监员队伍建设、开展职工心理健康维护等促进安全健康生产、保护职工生命安全为宗旨开展职工劳动保护发生的支出等。

（三）法律援助费。用于基层工会向职工群众开展法治宣传、提供法律咨询、法律服务等发生的支出。

（四）困难职工帮扶费。用于基层工会对困难职工提供资金和物质帮助等发生的支出。

工会会员本人及家庭因大病、意外事故、子女就学等原因致困时，基层工会可给予一定金额的慰问。

（五）送温暖费。用于基层工会开展春送岗位、夏送清凉、金秋助学和冬送温暖等活动发生的支出。

（六）其他维权支出。用于基层工会补助职工和会员参加互助互济保障活动等其他方面的维权支出。

第十条 业务支出是指基层工会培训工会干部、加强自身建设以及开展业务工作发生的各项支出。包括：

（一）培训费。用于基层工会开展工会干部和积极分子培训发生的支出。开支范围和标准以有关部门制定的培训费管理办法为准。

（二）会议费。用于基层工会会员大会或会员代表大会、委员会、常委会、经费审查委员会以及其他专业工作会议的各项支出。开支范围和标准以有关部门制定的会议费管理办法为准。

（三）专项业务费。用于基层工会开展基层工会组织建设、建家活动、劳模和工匠人才创新工作室、职工创新工作室等创建活动发生的支出，用于基层工会开办的图书馆、阅览室和职工书屋等职工文体活动阵地所发生的支出，用于基层工会开展专题调研所发生的支出，用于基层工会开展女职工工作性支出，用于基层工会开展外事活动方面的支出，用于基层工会组织开展合理化建议、技术革新、发明创造、岗位练兵、技术比武、技术培训等劳动和技能竞赛活动支出及其奖励支出。

（四）其他业务支出。用于基层工会发放兼职工会干部和专职社会化工会工作者补贴，用于经上级批准评选表彰的优秀工会干部和积极分子的奖励支出，用于基层工会必要的办公费、差旅费，用于基层工会支付代理记账、中介机构审计等购买服务方面的支出。

基层工会兼职工会干部和专职社会化工会工作者发放补贴的管理办法由省级工会制定。

第十一条 资本性支出是指基层工会从事工会建设工程、设备工具购置、大型修缮和信息网络购建而发生的支出。

第十二条 事业支出是指基层工会对独立核算的附属事业单位的补助和非独立核算的附属事业单位的各项支出。

第十三条 其他支出是指基层工会除上述支出以外的其他各项支出。包括：资产盘亏、固定资产处置净损失、捐赠、赞助等。

第十四条 根据《中华人民共和国工会法》的有关规定，基层工会专职工作人员的工资、奖励、补贴由所在单位承担，基层工会办公和开展活动必要的设施和活动场所等物质条件由所在单位提供。所在单位保障不足且基层工会经费预算足以保证的前提下，可以用工会经费适当弥补。

第四章　财务管理

第十五条　基层工会主席对基层工会会计工作和会计资料的真实性、完整性负责。

第十六条　基层工会应根据国家和全国总工会的有关政策规定以及上级工会的要求，制定年度工会工作计划，依法、真实、完整、合理地编制工会经费年度预算，依法履行必要程序后报上级工会批准。严禁无预算、超预算使用工会经费。年度预算原则上一年调整一次，调整预算的编制审批程序与预算编制审批程序一致。

第十七条　基层工会应根据批准的年度预算，积极组织各项收入，合理安排各项支出，并严格按照《工会会计制度》的要求，科学设立和登记会计账簿，准确办理经费收支核算，定期向工会委员会和经费审查委员会报告预算执行情况。基层工会经费年度财务决算需报上级工会审批。

第十八条　基层工会应加强财务管理制度建设，健全完善财务报销、资产管理、资金使用等内部管理制度。基层工会应依法组织工会经费收入，严格控制工会经费支出，各项收支实行工会委员会集体领导下的主席负责制，重大收支须集体研究决定。

第十九条　基层工会应根据自身实际科学设置会计机构、合理配备会计人员，真实、完整、准确、及时反映工会经费收支情况和财务管理状况。具备条件的基层工会，应当设置会计机构或在有关机构中设置专职会计人员；不具备条件的，由设立工会财务结算中心的乡镇（街道）、开发区（工业园区）工会实行集中核算，分户管理，或者委托本单位财务部门或经批准设立从事会计代理记账业务的中介机构或聘请兼职会计人员代理记账。

第五章 监督检查

第二十条 全国总工会负责对全国工会系统工会经费的收入、支出和使用管理情况进行监督检查。按照"统一领导、分级管理"的管理体制，省以下各级工会应加强对本级和下一级工会经费收支与使用管理情况的监督检查，下一级工会应定期向本级工会委员会和上一级工会报告财务监督检查情况。

第二十一条 基层工会应加强对本单位工会经费使用情况的内部会计监督和工会预算执行情况的审查审计监督，依法接受并主动配合国家审计监督。内部会计监督主要对原始凭证的真实性合法性、会计账簿与财务报告的准确性及时性、财产物资的安全性完整性进行监督，以维护财经纪律的严肃性。审查审计监督主要对单位财务收支情况和预算执行情况进行审查监督。

第二十二条 基层工会应严格执行以下规定：

（一）不准使用工会经费请客送礼。

（二）不准违反工会经费使用规定，滥发奖金、津贴、补贴。

（三）不准使用工会经费从事高消费性娱乐和健身活动。

（四）不准单位行政利用工会账户，违规设立"小金库"。

（五）不准将工会账户并入单位行政账户，使工会经费开支失去控制。

（六）不准截留、挪用工会经费。

（七）不准用工会经费参与非法集资活动，或为非法集资活动提供经济担保。

（八）不准用工会经费报销与工会活动无关的费用。

第二十三条 各级工会对监督检查中发现违反基层工会经费收支管理办法的问题，要及时纠正。违规问题情节较轻的，要限期整改；涉及违纪的，由纪检监察部门依照有关规定，追究直接责任人和相关领导责任；构成犯罪的，依法移交司法机关处理。

第六章 附 则

第二十四条 各省级工会应根据本办法的规定，结合本地区、本产业和本系统工作实际，制定具体实施细则，细化支出范围，明确开支标准，确定审批权限，规范活动开展。各省级工会制定的实施细则须报全国总工会备案。基层工会制定的相关办法须报上级工会备案。

第二十五条 本办法自印发之日起执行。《中华全国总工会办公厅关于加强基层工会经费收支管理的通知》（总工办发〔2014〕23号）和《全总财务部关于〈关于加强基层工会经费收支管理的通知〉的补充通知》（工财发〔2014〕69号）同时废止。

第二十六条 基层工会预算编制审批管理办法由全国总工会另行制定。

第二十七条 本办法由全国总工会负责解释。

基层工会法人登记管理办法

(总工办发〔2020〕20号 2020年12月8日)

第一章 总 则

第一条 为规范基层工会法人登记管理工作,依法确立基层工会民事主体地位,根据《中华人民共和国民法典》、《中华人民共和国工会法》及《中国工会章程》等有关规定,制定本办法。

第二条 我国境内的企业、事业单位、机关和其他社会组织等基层单位单独或联合建立的工会组织,区域性、行业性工会联合会,开发区(工业园区)工会,乡镇(街道)工会,村(社区)工会等工会组织(以下简称基层工会)申请取得、变更、注销法人资格,适用本办法。

第三条 基层工会按照本办法规定经审查登记,领取赋有统一社会信用代码的《工会法人资格证书》,取得法人资格,依法独立享有民事权利,承担民事义务。

第四条 各级工会应当依照规定的权限、范围、条件和程序,遵循依法依规、公开公正、便捷高效、科学管理的原则,做好基层工会法人登记管理工作。

第五条 省、自治区、直辖市总工会,设区的市和自治州总工会，县（旗）、自治县、不设区的市总工会（以下简称县以上各级地方总工会）应当为工会法人登记管理工作提供必要保障，所需费用从本级工会经费列支。具备条件的，可以专人负责工会法人登记管理工作。

开展工会法人登记管理工作，不得向基层工会收取费用。

第二章　登记管理机关

第六条　中华全国总工会和县以上各级地方总工会为基层工会法人登记管理机关。

登记管理机关相关部门之间应加强沟通，信息共享，协调配合做好工会法人登记管理工作。

第七条　基层工会法人登记按照属地原则，根据工会组织关系、经费收缴关系，实行分级管理：

（一）基层工会组织关系隶属于地方工会的，或与地方工会建立经费收缴关系的，由基层工会组织关系隶属地或经费关系隶属地相应的省级、市级或县级地方总工会负责登记管理；

（二）基层工会组织关系隶属于铁路、金融、民航等产业工会的，由其所在地省级总工会登记管理或授权市级总工会登记管理；

（三）中央和国家机关工会联合会所属各基层工会、在京的中央企业（集团）工会由中华全国总工会授权北京市总工会登记管理；京外中央企业（集团）工会由其所在地省级总工会登记管理或授权市级总工会登记管理。

登记管理机关之间因登记管理权限划分发生争议，由争议双方协商解决；协商解决不了的，由双方共同的上级工会研究确定。

第八条 登记管理机关应当制备工会法人登记专用章，专门用于基层工会法人登记工作，其规格和式样由中华全国总工会制定。

第九条 登记管理机关应当建立法人登记档案管理制度。

中华全国总工会建立统一的全国工会法人登记管理系统，登记管理机关实行网络化登记管理。

第三章 申请登记

第十条 基层工会申请法人资格登记，应当具备以下条件：

（一）依照《中华人民共和国工会法》和《中国工会章程》的规定成立；

（二）有自己的名称、组织机构和住所；

（三）工会经费来源有保障。

基层工会取得法人资格，不以所在单位是否具备法人资格为前提条件。

第十一条 凡具备本办法规定条件的基层工会，应当于成立之日起六十日内，向登记管理机关申请工会法人资格登记。

第十二条 基层工会申请工会法人资格登记，应当向登记管理机关提交下列材料：

（一）工会法人资格登记申请表；

（二）上级工会的正式批复文件；

（三）其他需要提交的证明、文件。

第十三条 登记管理机关自受理登记申请之日起十五日内完

成对有关申请文件的审查。审查合格的，颁发《工会法人资格证书》，赋予统一社会信用代码；申请文件不齐备的，应及时通知基层工会补充相关文件，申请时间从文件齐备时起算；审查不合格，决定不予登记的，应当书面说明不予登记的理由。

第十四条 《工会法人资格证书》应标注工会法人统一社会信用代码和证书编码。

工会法人统一社会信用代码按照统一社会信用代码编码规则编定。其中第一位为登记管理部门代码，以数字"8"标识；第二位为组织机构类别代码，以数字"1"或"9"标识，为基层工会赋码时选用"1"，为其他类别工会赋码时选用"9"。

第十五条 基层工会登记工会法人名称，应当为上一级工会批准的工会组织的全称。一般由所在单位成立时登记的名称（区域性、行业性工会联合会应冠以区域、行业名称），缀以"工会委员会"、"联合工会委员会"、"工会联合会"等组成。

基层工会的名称具有唯一性，其他基层工会申请取得法人资格时不得重复使用。

第十六条 基层工会具备法人条件的，依法取得法人资格，工会主席为法定代表人。

第十七条 因合并、分立而新设立的基层工会，应当重新申请工会法人资格登记。

第四章 变更登记

第十八条 取得工会法人资格的基层工会变更名称、住所、法定代表人等事项的，应当自变更之日起三十日内，向登记管理机关申请变更登记，并提交工会法人变更登记申请表和相关文件。

登记管理机关自受理变更登记申请之日起十五日内，换发《工会法人资格证书》，收回原证书。

第十九条 基层工会法人跨原登记管理机关辖区变更组织关系、经费收缴关系或住所的，由原登记管理机关办理登记管理权限变更手续，并按本办法确立的原则，将该基层工会法人登记管理关系转移到变更后的登记管理机关。

第二十条 取得工会法人资格的基层工会，合并、分立后存续，但原登记事项发生变化的，应当申请变更登记。

第二十一条 未经变更登记，任何组织和个人不得擅自改变工会法人资格登记事项。

第五章 注 销 登 记

第二十二条 取得工会法人资格的基层工会经会员大会或会员代表大会通过并报上一级工会批准撤销的，或因所在单位终止、撤销等原因相应撤销的，应当自撤销之日起三十日内，向登记管理机关申请注销登记，并提交工会法人注销登记申请表、上级工会同意撤销的文件或向上级工会备案撤销的文件，以及该基层工会经费、资产清理及债权债务完结的证明等材料。

登记管理机关自受理注销登记申请之日起十五日内完成审查登记，收回《工会法人资格证书》。

第二十三条 取得工会法人资格的基层工会，因合并、分立而解散的，应当申请注销登记。

第六章　信息公告和证书管理

第二十四条　基层工会取得、变更、注销工会法人资格的，登记管理机关应当依法及时在报刊或网络上发布有关信息。

第二十五条　《工会法人资格证书》是基层工会法人资格的唯一合法凭证。未取得《工会法人资格证书》的基层工会，不得以工会法人名义开展活动。

《工会法人资格证书》及相关登记申请表样式由中华全国总工会统一制发。

第二十六条　《工会法人资格证书》的有效期为三年至五年，具体时间与工会的届期相同。

第二十七条　基层工会依法取得《工会法人资格证书》的，应当在证书有效期满前三十日内，向登记管理机关提交《工会法人资格证书》换领申请表和工会法人存续证明材料，经登记管理机关审查合格后换发新证，有效期重新计算。

第二十八条　《工会法人资格证书》不得涂改、抵押、转让和出借。《工会法人资格证书》遗失的，基层工会应当于一个月内在报刊或网络上发布公告，并向登记管理机关提交《工会法人资格证书》补领申请表、遗失公告和说明，申请补发新证。

第七章　监督管理

第二十九条　登记管理机关应当加强对基层工会法人资格登记

工作的监督管理，基层工会应当接受并配合登记管理机关的监督管理。

上级工会应当加强对下级工会开展基层工会法人登记管理工作的指导和监督检查。

第三十条 不具备条件的基层工会组织或机构在申请登记时弄虚作假、骗取登记的，由登记管理机关予以撤销登记，收回《工会法人资格证书》和统一社会信用代码。

第三十一条 登记管理机关审查不严，或者滥用职权，造成严重后果的，依法依纪追究有关责任。

第八章　附　　则

第三十二条 地方总工会等机构编制由机构编制部门负责管理的工会组织，由机构编制部门制发统一社会信用代码证书。

第三十三条 各级产业工会委员会申领《工会法人资格证书》，参照本办法执行。

第三十四条 县以上各级地方总工会派出的工会工作委员会、工会办事处等工会派出代表机关，工会会员不足二十五人仅选举组织员或者工会主席一人主持工作的基层工会，可以参照本办法规定申请取得统一社会信用代码证书。

第三十五条 各省、自治区、直辖市总工会可以根据本办法的规定，制定基层工会法人登记管理的具体实施细则，并报中华全国总工会备案。

第三十六条 本办法由中华全国总工会负责解释。

第三十七条 本办法自 2021 年 1 月 1 日起施行。2008 年 6 月 13 日中华全国总工会印发的《基层工会法人资格登记办法》同时废止。

附件：1. 工会法人资格登记申请表
2. 工会法人变更登记申请表
3. 工会法人注销登记申请表
4.《工会法人资格证书》补（换）领申请表
5. 工会统一社会信用代码申请表
6. 工会法人资格证书样式
7. 工会统一社会信用代码证书样式

附件 1

工会法人资格登记申请表

工会名称＿＿＿＿＿＿＿＿＿＿＿＿＿＿＿＿

填报时间　　　年　　月　　日

中华全国总工会监制

填表与登记说明：

一、本表一式三份，由申请单位逐项填写，加盖公章后报登记管理机关审查登记。

二、申请单位非新建的（成立时间一年以上），应自查经费资产，并如实填报自查结果；申请单位新建的（成立时间不满一年），免予经费资产自查，由工会负责人承诺经费来源有保障，并由工会主席签名。

三、表中工会组织简况栏中的审批单位是指批准设立本工会组织的上一级工会；收入情况栏中的其他收入是指除会费、经费收入以外的各种收入。

四、登记管理机关收到本表后，应按中华全国总工会《基层工会法人登记管理办法》的规定进行审查、核准、登记。

五、经审查合格后，由县、市（地）或省级地方总工会向该工会组织颁发《工会法人资格证书》。

六、本表由登记管理机关存档一份、申请单位留存一份、上级工会备案一份。

工会名称			电　话	
住　所			邮　编	

工会组织简况	根据《中国工会章程》，于　年　月　日经工会会员（代表）大会选举产生（预备会议确认产生）第　届工会委员会，任期　年。			
	审批单位		审批文号	
	职工人数		会员人数	
	专职干部人　数		本届工会主席姓名	

非新建工会	收入情况	合计	上年累计结余（万元）	年会员缴纳会费收入（万元）	年2%拨缴工会经费本级留成收入（万元）	其他收入（万元）
	资金情况	合计		固定资产（万元）	流动资金（万元）	其他
	申请单位承诺以上填报信息真实有效，并愿意承担相应法律责任。 　　　　　　　　　　　　　　　　　　　　　工会主席签名：					

续 表

新建工会	申请单位承诺工会经费来源有保障。 工会主席签名：				
场所情况	合计	办公场所（㎡）		活动场所（㎡）	其他

工会主席	姓名		性别		民族	
	出生年月		文化程度		政治面貌	
	现任工会职务		专职兼职		本届任职起始时间	
	加入工会组织时间		现任其他职务		电话	
					手机	
	身份证号					
申请单位经办人			身份证号		电话	
					手机	

续　表

申请工会意见	工会主席签名：　　　　　　（申请工会印章） 　　　　　　　　　　　　　　　　　年　月　日
地方工会审查意见	（印　章） 年　月　日
登记管理机关审核意见	（印　章） 年　月　日
发证日期		统一社会信用代码	

附件2

工会法人变更登记申请表

项目	原登记确认事项		申请变更登记事项	
工会名称				
住所				
法定代表人				
登记管理机关				
统一社会信用代码				
上级工会批准变更文号				
申请变更原因				
申请单位经办人	姓名		身份证号码	
	电话		手机	
变更后法定代表人	姓名		身份证号码	
	电话		手机	
申请工会意见	工会法定代表人签名：　　　　　（申请工会印章） 　　　　　　　　　　　　　　　　　　　年 月 日			

续 表

上级工会 审查意见	 （印　章） 年　月　日
登记管理机关 审核意见	 （印　章） 年　月　日

注：1. 仅变更住所或登记管理机关的无需填写上级工会批准变更文号。
　　2. 法定代表人没有变更的无需填写变更后法定代表人信息。

附件 3

工会法人注销登记申请表

工会名称			电　话	
统一社会信用代码			证书编码	
住　所			法定代表人	
申请单位经办人	姓名		身份证号码	
	电话		手机	
注销原因				
上级工会同意撤销工会文件名称（含文号）				
申请工会意见	工会法定代表人签名：　　　　　（申请工会印章） 　　　　　　　　　　　　　　　　　　年　月　日			
上级工会审查意见	（印　章） 　　　　　　　　　　　　　　　　　　年　月　日			

续 表

登记管理机关 审核意见	 （印　章） 年　月　日

附件 4

《工会法人资格证书》补（换）领申请表

工会名称				电　话	
统一社会信用代码				原证书编码	
住　　所				法定代表人	
申请单位经办人	姓名		身份证号码		
	电话		手机		
补（换）领原因					
申请工会意见	工会法定代表人签名：　　　　　（申请工会印章） 　　　　　　　　　　　　　　　　　　　　年　月　日				
上级工会 审查意见	 （印章） 　　　　　　　　　　　　　　　　　　　　年　月　日				

135

续　表

登记管理机关 审核意见	 （印　章） 年　月　日

附件 5

工会统一社会信用代码申请表

工会名称			电　话	
住　所			邮　编	
基本情况	根据《中国工会章程》，　年 月 日由　总工会派出设立或依法选举产生。			
	审批单位		审批文号	
工会负责人	姓　名		性别		民　族	
	出生年月		文化程度		政治面貌	
	现任工会职务		专职兼职		本届任职起始时间	
	加入工会组织时间		现任其他职务		电话	
					手机	
	身份证号码					
申请单位经办人		身份证号码		电话	
				手机	
申请工会意见	工会负责人签名：　　　　　　　　　（申请工会印章） 　　　　　　　　　　　　　　　　　　　　　年 月 日			

续　表

上级工会 审查意见	 （印　章） 年　月　日
登记管理 机关审 核意见	 （印　章） 年　月　日
发证日期	统一社会信用代码

附件 6

工会法人资格证书样式

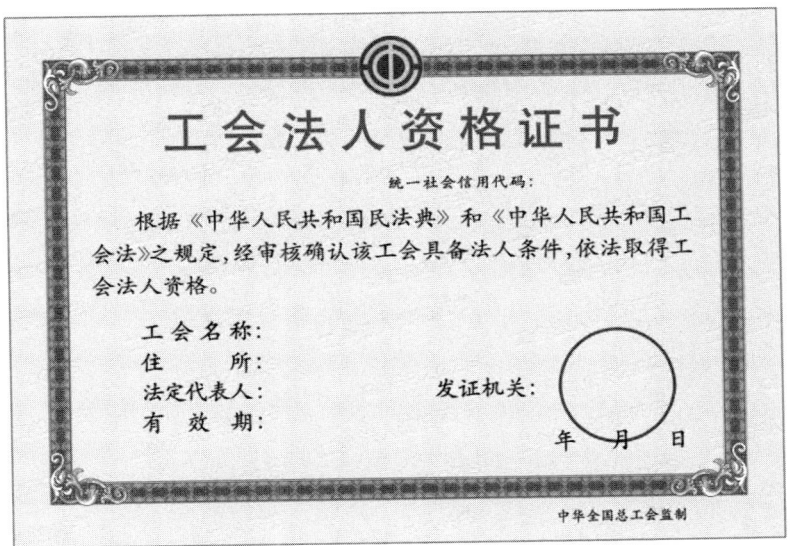

附件 7

工会统一社会信用代码证书样式

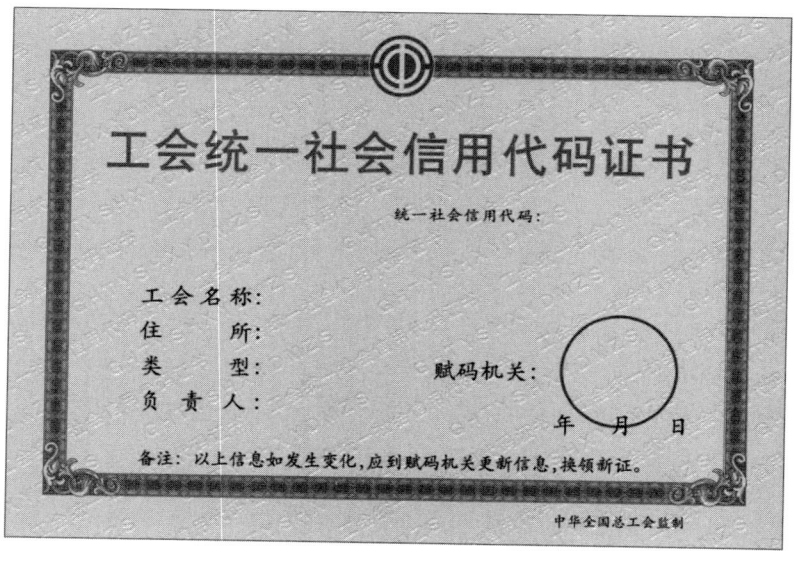

图书在版编目（CIP）数据

工会法 / 学习强会编. —北京：中国工人出版社，2022.8
（全国职工"八五"普法简明读本）
ISBN 978-7-5008-7946-6

Ⅰ.①工… Ⅱ.①学… Ⅲ.①工会法—中国—通俗读物 Ⅳ.①D922.564

中国版本图书馆CIP数据核字（2022）第143813号

工会法

出 版 人	董 宽
责任编辑	黄冰凌
责任校对	张 彦
责任印制	栾征宇
出版发行	中国工人出版社
地　　址	北京市东城区鼓楼外大街45号　邮编：100120
网　　址	http://www.wp-china.com
电　　话	（010）62005043（总编室）
	（010）62005039（印制管理中心）
	（010）62382916（工会与劳动关系分社）
发行热线	（010）82029051　62383056
经　　销	各地书店
印　　刷	三河市万龙印装有限公司
开　　本	850毫米×1168毫米　1/32
印　　张	4.875
字　　数	90千字
版　　次	2022年10月第1版　2023年10月第3次印刷
定　　价	26.00元

本书如有破损、缺页、装订错误，请与本社印制管理中心联系更换
版权所有　侵权必究